500 TRICKS: ACCESSORIES

500 TIPPS: ACCESSOIRES

500 TIPS: ACCESSOIRES

500 TRICKS: ACCESSORIES

500 TIPPS: ACCESSOIRES

500 TIPS: ACCESSOIRES

F K G

FKG

Editorial project:
2011 © LOFT Publications
Vía Laietana, 32, 4.°, of. 92
08003 Barcelona, Spain
Tel.: +34 932 688 088
Fax: +34 932 687 073
loft@loftpublications.com
www.loftpublications.com

Created and distributed in cooperation with Frechmann Kolón GmbH
www.frechmann.com

Editorial coordinator:
Simone K. Schleifer

Assistant to editorial coordination:
Aitana Lleonart Triquell

Art director:
Mireia Casanovas Soley

Design and layout coordination:
Claudia Martínez Alonso

Cover layout:
María Eugenia Castell Carballo

Layout:
Yolanda G. Román, Juan Prieto

Translations:
Cillero & de Motta

ISBN 978-84-9936-247-2 (GB)
ISBN 978-84-9936-244-1 (D)
ISBN 978-84-9936-248-9 (NL)

Printed in China

Introduction

Accessories are one of the most important elements in decoration. Major changes can be made in any space by simply replacing these decorative objects for others, or even just by moving them around. In this way, drastic and costly changes such as repainting or completely replacing furniture or textile elements are not necessary.
Another advantage of decorations and accessories is that they allow our home to evolve with us, becoming aesthetic details that reflect our personality at all times.

Accessoires gehören zu den wichtigsten Elementen im Bereich Inneneinrichtung. Bereits durch den Austausch einiger Dekoobjekte – oder sogar lediglich durch eine neue Anordnung der vorhandenen Accessoires – kann man den Look eines Zimmers vollständig verändern. Auf diese Weise müssen keine drastischen und kostspieligen Renovierungsarbeiten vorgenommen werden, die Wände können ihre Farbe behalten und auch die Dekostoffe dürfen bleiben. Ein weiterer Vorteil von Accessoires besteht darin, dass sich unser Zuhause durch sie mit uns weiterentwickeln kann, denn sie sind ästhetische Blickfänge, die unsere Persönlichkeit widerspiegeln.

Accessoires zijn een van de belangrijkste elementen in de decoratie. Elke ruimte kan grote veranderingen ondergaan enkel door deze decoratieve voorwerpen voor andere te vervangen of de opstelling ervan te wijzigen. Zo is het niet nodig om drastische en prijzige veranderingen uit te voeren zoals het opnieuw schilderen of het volledig vervangen van meubels en textiel.
Een ander voordeel van accessoires is dat zij het mogelijk maken dat onze woning samen met ons verandert. Zo worden zij esthetische details die steeds onze persoonlijkheid weerspiegelen.

Los accesorios son uno de los elementos más importantes en la decoración. Se puede transformar completamente cualquier espacio reemplazando estos objetos decorativos por otros distintos, o incluso tan solo modificando su distribución. De esta forma, no es necesario recurrir a cambios más drásticos y costosos como serían pintar de nuevo o renovar todo el mobiliario o los textiles.
Además, los accesorios y complementos pueden hacer que la vivienda evolucione al tiempo que nosotros mismos, convirtiéndose en detalles estéticos que reflejan nuestra personalidad en todo momento.

The importance of accessories

On many occasions, smaller details are the finishing touch that gives the space the style or ambience that we are seeking. The decoration is formed by a set of techniques and resources that allow us to create the spaces that we desire, and no doubt the details are the final step of this creative process.

Oftmals sind bestimmte Details der letzte Schliff, der einem Raum die gewünschte Stilrichtung verleiht und das gewünschte Ambiente schafft. Die Dekoration umfasst zahlreiche Techniken und Ressourcen, dank derer wir in der Lage sind, genau den Raum hervorzubringen, nach dem wir uns sehnen – und die Accessoires sind der letzte Schritt dieses kreativen Prozesses.

Vaak vormen details de finishing touch die de ruimte van de stijl of ambiance voorzien waar we naar op zoek zijn. De decoratie wordt gevormd door een combinatie van technieken en hulpmiddelen die ons in staat stellen om de ruimten te creëren waar wij naar verlangen. Details zijn ongetwijfeld de definitieve eindstap van het creatieve proces.

En muchas ocasiones los detalles son el toque final que proporcionan al espacio el estilo o ambiente que estamos buscando. La decoración la forman un conjunto de técnicas y recursos que nos permiten crear aquellos espacios que anhelamos, y sin duda los detalles son el paso final y definitivo de este proceso creativo.

Candles

In a multitude of shapes and colors, they are a decorative element. At times they have a delicate beauty thanks to their ephemeral and fragile character, but they also provide a light that electrical lamps could never achieve in terms of warmth.

Kerzen sind in unzähligen Farben und Formen erhältlich und stellen daher bereits an sich ein attraktives Dekorationselement dar. Sie sind von vergänglicher Schönheit und sorgen trotzdem für eine so warme und gemütliche Beleuchtung, die elektrische Lampen niemals übertreffen können.

Kaarsen zijn in hun vele vormen en kleuren een op zichzelf staand decoratief voorwerp, die soms een subtiele schoonheid hebben vanwege hun kortstondige en breekbare karakter, maar tegelijkertijd zorgen zij voor een verlichting die de elektrische lampen nooit kunnen overtreffen qua sfeer.

En su multitud de formas y colores, las velas son un objeto decorativo en sí mismo. Tienen una belleza delicada por su carácter efímero y frágil, pero al mismo tiempo proporcionan una iluminación cuya calidez nunca podrán superar las lámparas eléctricas.

Along with accent lighting, candles help to provide warmth, drama and ambience to areas around the house.

Zusammen mit einzelnen Leuchten verleihen Kerzen einem Raum Wärme, Dramatik und ein einladendes Ambiente.

Naast detailverlichting helpen kaarsen de kamers van het huis te voorzien van warmte, een theatraal karakter en sfeer.

Junto a la iluminación de detalle, las velas ayudan a dar calidez y teatralidad a los espacios, y ayudan a definir los ambientes.

Decorating the dining table with simple candles will turn it into a more intimate and cozy space. But candles should not be confined to the dining room. Candles in the bathroom create a more intimate and relaxing space.

Schmückt man den Tisch für das Abendessen mit einigen schlichten Kerzen, herrscht im Raum sofort eine intimere und einladendere Atmosphäre. Doch Kerzen lassen sich nicht nur im Esszimmer hervorragend einsetzen: einige Kerzen im Badezimmer machen dieses zu einem heimeligen und entspannenden Rückzugsort.

De dinertafel versieren met simpele kaarsen maakt dat deze een nog intiemere en warmere ruimte wordt. Maar kaarsen beperken zich niet enkel tot de eetkamer. Kaarsen in de badkamer zorgen ervoor dat dit een intiemere en ontspannender ruimte wordt.

Decorar la mesa para la cena con unas simples velas hará que esta se convierta en un espacio de mayor intimidad y calidez. Pero el uso de velas no se restringe al comedor. Unas velas en el baño lo hacen más íntimo y relajante.

Objects, details and accessories say a lot about the person who chooses them, so think carefully about how and where you place them.

Gegenstände, Zubehör und Accessoires sagen viel über den Menschen aus, der sie für sein Zuhause ausgewählt hat. Daher ist besonders darauf zu achten, wo und wie unsere Accessoires platziert werden.

Voorwerpen, details en accessoires zeggen veel over de personen die ze hebben uitgekozen, daarom moeten we bijzondere zorg besteden aan waar we ze neerzetten en hoe we dat doen.

Los objetos, detalles y complementos dicen mucho de las personas que los han elegido, por lo que tendremos especial cuidado en dónde los colocamos y cómo lo hacemos.

Scented candles, as well as the qualities
that we have already mentioned, perfume
the house. Some smells are beneficial to our
health.

Duftkerzen schenken uns nicht nur ein warmes
Licht, sondern verströmen in unserem Zuhause
außerdem ein angenehmes Aroma. Einige
Düfte haben sogar positive Auswirkungen auf
die Gesundheit.

Geurkaarsen hebben niet alleen de
eigenschappen die we hebben omschreven,
maar parfumeren bovendien ons huis.
Sommige geuren hebben gunstige effecten op
onze gezondheid.

Las velas aromáticas, además de las
cualidades que hemos destacado, perfuman
nuestro hogar. Algunos olores tienen efectos
beneficiosos para nuestra salud.

Plants

Modern cities have forced us to change our way of life. The garden, in the past was almost as important as the house itself and now it is gradually disappearing. To replace it, houses are filled with natural plants that try to capture the formula of the garden.

Die modernen Städte haben uns dazu gezwungen, unseren Lebensstil zu verändern. Der Garten, der früher fast genauso wichtig war wie das Haus, verschwand nach und nach. An seiner Stelle haben Pflanzen in das Zuhause Einzug gehalten und sorgen für einen Hauch von Gartengefühl.

De moderne stad heeft ons verplicht om onze levenswijze te veranderen. De tuin, die vanouds bijna net zo belangrijk was als het huis zelf, is langzaamaan verdwenen. Ter vervanging worden de huizen gevuld met natuurlijke planten die de tuinformule proberen te herstellen.

Las ciudades modernas nos han obligado a cambiar nuestra forma de vida. El jardín, que históricamente era un espacio casi tan importante como la misma casa, ha ido desapareciendo. En sustitución de este, las casas se han llenado de plantas naturales que intentan recuperar la esencia del jardín.

Some types of plants are decorative features, such as ficus. But like the rest of the objects, choose those plants that best suit your taste and the environment you want to create.

Einige Pflanzen, wie z. B. bestimmte Ficus-Arten, sind im Bereich Inneneinrichtung sehr beliebt. Genau wie die übrigen Dekoelemente müssen auch die Pflanzen entsprechend unserem Geschmack und der Wohnumgebung, die geschaffen werden soll, ausgewählt werden.

Sommige plantensoorten zijn typische decoratieplanten, zoals de ficus. Maar net als de rest van de voorwerpen dienen planten te worden gekozen die het best passen bij onze smaak en bij de ambiance die we willen creëren.

Algunos tipos de plantas son características de la decoración, como los ficus. Pero al igual que con el resto de los objetos, elegiremos aquellas especies que mejor respondan a nuestros gustos y al ambiente que deseamos crear.

Dried flowers

Some people do not have enough time to care for natural plants, but they are not willing to relinquish their beauty. In this case, dried plants and flowers are a very good solution. They provide us with a beauty similar to that of natural plants, but less changing.

Manche Menschen haben nicht genügend Zeit und Muße, um sich der Pflege von Zimmerpflanzen zu widmen, möchten ihr Zuhause aber trotzdem mit der Schönheit der Pflanzen schmücken. In diesem Fall sind Trocken- oder Kunstblumen eine geeignete Lösung: Sie zieren jeden Raum fast wie echte Pflanzen und sind weniger wechselhaft.

Sommige mensen hebben niet genoeg tijd om natuurlijke planten te verzorgen, maar willen niet afzien van de schoonheid ervan. In dit geval zijn droogbloemen en –planten een zeer geschikte oplossing. Zij zijn bijna net zo mooi als natuurlijke planten, maar zijn minder veranderend.

Algunas personas no disponen de suficiente tiempo para cuidar de las plantas naturales, pero no están dispuestas a renunciar a la belleza de estas. En este caso, las plantas y flores secas son una solución muy adecuada. Nos proporcionan una belleza parecida a la de las plantas naturales, aunque menos cambiante.

Change the appearance of dried flowers often, by rearranging them so that it seems that you are constantly updating them.

We kunnen het aspect van de droogbloemboeketten vaak veranderen door ze zodanig te herschikken dat het lijkt alsof ze constant worden vernieuwd.

Das Aussehen eines künstlichen Straußes kann durch Umstecken und eine neue Anordnung regelmäßig verändert werden, so dass es scheint, die Blumen würden stetig erneuert.

Podemos cambiar el aspecto de los ramos de flores secas rehaciéndolos a menudo, de forma que parecerá que estemos renovándolos constantemente.

Architectural details

The term architectural features refer to those architectural elements and resources that give interior spaces more quality. Sometimes we may resort to the creation of false architectural features if they help us to regulate the space or make it more interesting.

Der Begriff Bauelemente bezeichnet jene Elemente und Ressourcen der Architektur, die dazu dienen, Innenräume aufzuwerten. Manchmal bietet sich der Einbau falscher Bauelemente an, um Räume aufzuteilen oder interessanter zu gestalten.

De term architectonische elementen verwijst naar elementen en hulpmiddelen die de architectuur ons verschaft om meer kwaliteit aan ons interieur te verlenen. Soms kunnen we een beroep doen op de creatie van valse architectonische elementen als deze ons helpen de ruimte te bepalen of deze interessanter te maken.

Por elementos arquitectónicos nos referimos a aquellos elementos y recursos que proporciona la arquitectura para dar más calidad a los espacios interiores. En ocasiones podemos recurrir a la creación de falsos elementos arquitectónicos si estos nos ayudan a regularizar el espacio o a darle más interés.

Architecture provides us with endless possibilities to create an expressive space that reflects our personality.

Die Architektur bietet uns unzählige Möglichkeiten für die Gestaltung eines ausdrucksstarken Raumes, der unsere Persönlichkeit widerspiegelt.

De architectuur verschaft ons oneindig veel mogelijkheden om een expressieve ruimte te creëren die onze persoonlijkheid weerspiegelt.

La arquitectura nos proporciona un sinfín de posibilidades para crear un espacio expresivo que refleje nuestra personalidad.

Use architectural features like cornices and ceiling roses to give the space more wealth or to create a certain dramatic quality.

Bauelemente wie Gesimse und Rosetten bereichern den Raum und verleihen dem Ambiente eine gewisse Dramatik.

We kunnen een beroep doen op architectonische elementen zoals kroonlijsten en rozetten om de ruimte te verrijken of een sfeer met een zeker theatraal karakter te creëren.

Podemos recurrir a elementos arquitectónicos como cornisas y florones para dar más riqueza al espacio o crear ambientes con cierta teatralidad.

The architecture itself can be a decorative element. In such cases, be careful that the décor is in line with the architecture.

Auch die Architektur an sich kann ein dekoratives Element darstellen. Dabei ist darauf zu achten, dass die Dekoration des Raumes mit der Bauweise harmoniert.

De architectuur op zichzelf kan een decoratief element vormen. In deze gevallen moeten we ervoor zorgen dat de decoratie hiermee in overeenstemming is.

La arquitectura puede constituir un elemento decorativo en sí mismo. En estos casos, debemos cuidar que la decoración esté en consonancia con aquella.

A staircase, a skylight and a glass roof are architectural features that allow you to create spaces with a strong character.

Bauelemente wie Treppe, ein Oberlicht oder ein verglastes Dach verleihen Räumen einen ausgeprägten Charakter.

Een trap, een dakraam of een glasdak zijn architectonische elementen die ons in staat stellen om ruimten met een opvallend karakter te creëren.

Una escalera, una claraboya o un techo acristalado son elementos arquitectónicos que nos permiten crear espacios con una marcada personalidad.

Fabrics

Perhaps, we are not aware of the real decorative value of fabrics. They are not only a low cost option, but they also allow us to change the form and arrangement without this implying an additional cost. For example the cover for a chair or sofa. Try out different ways according to the effect that we want to achieve.

Die dekorativen Qualitäten von Stoffen werden häufig unterschätzt. Stoffe stellen nicht nur ein preisgünstiges Element für die Raumgestaltung dar, sondern sie lassen sich auch ohne Zusatzkosten neu anordnen und drapieren. Denken Sie nur an eine Husse für einen Stuhl oder einen Sofaüberzug: diese Accessoires können genau so angeordnet und drapiert werden, bis die gewünschte Wirkung erzielt wird.

We weten misschien niet altijd de decoratieve kwaliteiten van stoffen te waarderen. Het gaat niet alleen om een niet al te duur element, maar het stelt ons ook in staat om de inrichting te veranderen zonder dat dit extra kosten hoeft op te leveren. We denken bijvoorbeeld aan de hoes van een stoel of van een zitbank. We kunnen ze op verschillende manieren aanbrengen al naargelang het effect dat we willen bereiken.

Quizá no siempre sepamos valorar las cualidades decorativas de las telas. No solo se trata de elementos económicos, sino que también nos permiten cambiar su forma y disposición sin que esto suponga un coste adicional. Pensemos, por ejemplo, en la funda de una silla o un sofá. Podemos colocarla de formas distintas según sea el efecto que persigamos.

Window coverings

Use any type of fabric to make curtains from the fine silk or gauze to thick fabrics like that of sackcloth. If you are inclined to use finer materials and they do not satisfy your light and temperature needs, hang a second pair that is purely functional.

Vorhänge können aus Stoffen aller Art angefertigt werden – aus feiner Seide oder Gaze und auch aus dickeren Stoffen wie Sackleinen. Will man feine Materialien verwenden, die nicht genügend Schutz vor Licht und Wärme bieten, kann ein zweiter Vorhang angebracht werden, der diese Zwecke erfüllt.

We kunnen elk soort stof gebruiken om gordijnen te maken, van dunne zijde of gaas tot dikkere stoffen zoals jute. Als we ons aangetrokken voelen door het gebruik van dunne materialen dan zullen deze niet tegen licht en temperaturen beschermen. We met een zuiver functioneel doeleinde een tweede gordijn ophangen.

Podemos usar cualquier tipo de tela para confeccionar unas cortinas, desde la fina seda o gasa hasta las telas más gruesas como la de saco. Si optamos por materiales finos y estos no satisfacen nuestras necesidades de protección de la luz y de la temperatura, podemos disponer una segunda cortina con una finalidad puramente funcional.

Irregular panels, hung from the ceiling with a degree of mobility, visually divide the space, give freshness and are an original and modern form of décor.

Unregelmäßige Stoffbahnen, die von der Decke hängen und in gewissem Rahmen beweglich sind, teilen den Raum auf, verleihen ihm eine frische Note und stellen ein originelles und modernes Dekoelement dar.

Onregelmatige panelen, vanaf het plafond neergehangen en met een zekere beweegbaarheid, verdelen de ruimte visueel, voorzien deze van frisheid en vormen een originele en moderne decoratie.

Unos paneles irregulares, colgados desde el techo y con cierta movilidad, dividen visualmente el espacio, le dan frescura y constituyen una decoración original y moderna.

Patterned curtains energize rooms, so it is advisable to use them only in areas with light backgrounds.

Da bedruckte Vorhänge den Raum optisch beladen, sollten sie ausschließlich in Bereichen mit hellem Hintergrund eingesetzt werden.

Bedrukte gordijnen belasten de sfeer, waardoor het gebruik ervan enkel wordt aangeraden in ruimten met een lichte achtergrond.

Las cortinas con estampados recargan los ambientes, por lo que es aconsejable usarlas solo en espacios con fondos claros.

Roman shades

Blinds have been widely used for many years. They can be hung alone or in combination with other types of curtains, and can be pulled up to different heights. They can be custom made from any type of fabric, although standard sizes in basic colors can also be found on the market. Strips are hidden behind the fabric and are gathered in horizontal folds by pulling on cords.

Die seit einigen Jahren weit verbreiteten Falt- oder Raffrollos lassen sich allein oder auch in Verbindung mit Vorhängen verwenden und können in verschiedenen Höhen fixiert werden. Sie werden aus Stoffen aller Art und nach Maß gefertigt, sind aber auch in Standardmaßen und zahlreichen Farben fertig erhältlich. Faltrollos werden mithilfe von in den Stoff eingenähten Leisten und eines Zugsystems in horizontale Falten gelegt.

Stores worden al jarenlang veel toegepast en kunnen alleen of in combinatie met een ander soort gordijn worden gebruikt. Ze kunnen op verschillende hoogte worden opgerold. Ze worden van elk type stof en afmeting gemaakt, hoewel ze ook in standaardmaten en in basiskleuren op de markt verkrijgbaar zijn. Ze functioneren door middel van latjes die in de stof worden genaaid en die worden opgetrokken door een koordsysteem in horizontale plooien

Muy extendidos desde hace unos años, los estores se pueden utilizar solos o en combinación con otro tipo de cortinas, y permiten ser recogidos a distintas alturas. Se confeccionan con cualquier tipo de tela y a medida, aunque también encontraremos en el mercado medidas estándar en colores básicos. Funcionan mediante unos listones que se esconden dentro de la tela y que quedan recogidos, por un sistema de cuerdas, en pliegues horizontales.

Blinds provide unity and consistency to the space, which allows you to combine them with fabrics with different prints.

Stores zorgen voor eenheid en regelmaat in de ruimte. Daarom kunnen verschillende bedrukte stoffen worden gebruikt.

Faltrollos verleihen einem Raum eine einheitliche Wirkung, weshalb sogar unterschiedlich bedruckte Stoffe Verwendung finden können.

Los estores proporcionan unidad y regularidad al espacio, por lo que nos permiten combinar telas de estampados diferentes.

Roller shades

They look very similar to blinds; however roller blinds are based on a simpler system. The smooth fabric rolls up vertically into the top part of the blind using a system of cords. They are very useful as they can be used as sheer curtains, while providing privacy and allowing the diffused passage of light.

Einfache Rollos ähneln Faltrollos, basieren jedoch auf einem noch simpleren Prinzip: der Stoff wird mithilfe eines Zugsystems am oberen Ende des Rollos eingerollt. Rollos sind besonders gut als Sichtschutz geeignet, da sie einerseits für ausreichend Privatsphäre sorgen, andererseits aber auch genügend gedämmtes Licht einfallen lassen.

Rolgordijnen lijken veel op de stores maar zijn gebaseerd op een eenvoudiger systeem. De gladde stof wordt aan de bovenkant van het gordijn opgerold door een koordsysteem. Zij zijn zeer nuttig als vitrage, aangezien ze voor privacy zorgen maar tegelijkertijd het licht genuanceerd doorlaten.

De aspecto muy parecido a los estores, las persianas enrollables se basan en un sistema más sencillo. La tela, lisa, se enrolla por la parte superior de la persiana mediante un sistema de cuerdas. Son muy útiles como visillos, ya que proporcionan intimidad al mismo tiempo que dejan pasar luz matizada.

Venetian blinds

They can be made of wood, metal, fabric or plastic, although fabric blinds provide the warmest finish. They consist of vertically or horizontally-positioned slats with a system that enables both the angle of the slats and the blind opening to be regulated.

Jalousien werden aus Holz, Metall, Stoff oder Kunststoff gefertigt, wobei die Modelle mit Stofflamellen eindeutig ein wärmeres Ambiente schaffen. Sie bestehen aus vertikal oder horizontal angeordneten Lamellen und einem Bediensystem, das die Neigung der Lamellen reguliert und das Öffnen bzw. Schließen der Jalousie ermöglicht.

Deze kunnen van hout, metaal, stof of plastic zijn gemaakt, hoewel stoffen luxaflex de warmste afwerking hebben. Ze zijn gebaseerd op verticaal of horizontaal opgestelde lamellen met een systeem waardoor de inclinatie ervan geregeld kan worden, net als de opening van de luxaflex.

Pueden fabricarse en madera, metal, tela o plástico, aunque las que proporcionan un acabado más cálido son las de tela. Se basan en tiras dispuestas vertical u horizontalmente, con un sistema que permite regular su inclinación al mismo tiempo que la abertura de la persiana.

These modern and functional blinds are well suited to spaces with simple and clean lines.

Deze jaloezieën zien er modern en functioneel uit en passen goed bij ruimten met simpele en zuivere lijnen.

Diese modernen und funktionalen Jalousien passen sich hervorragend an den Raum mit seiner klaren Linienführung an.

De aspecto moderno y funcional, estas persianas se adaptan muy bien a espacios de líneas simples y limpias.

Sheer curtains

Finer fabrics like chiffon, muslin, cambric and even shiny fabrics such as silk or organza can be used to make curtains. Their role is to adjust the entry of light without acting as a barrier. They can also be used for decorative purposes, forming drapes that will give the space a romantic air.

Für Stores sind vor allem dünnere Stoffe wie Gaze, Musselin, Batist und sogar glänzende Gewebe wie Seide oder Organdy geeignet. Stores dämpfen das einfallende Licht, ohne den Blick nach außen zu verwehren. Werden Stores besonders drapiert, wird ein dekorativer Effekt erzielt, der dem Raum einen Hauch von Romantik verleiht.

We kunnen de dunste stoffen zoals gaas, mousseline, batist of zelfs glanzende stoffen zoals zijde of organdie gebruiken om vitrage te maken. De functie van vitrage is het invallende licht temperen zonder als barrière te fungeren. Ook kunnen we ze ter decoratie gebruiken en effectieve draperieën vormen die een romantisch tintje aan de kamer geven.

Podemos utilizar las telas más finas como la gasa, la muselina, la batista e incluso telas brillantes como la seda o el organdí para confeccionar unos visillos. La función de estos es matizar la entrada de la luz sin actuar como barrera. También podemos usarlos con efectos decorativos formando efectivos drapeados que darán un aire romántico al espacio.

The main function of curtains is to adjust the light, while providing a special background to room.

De hoofdfunctie van vitrage is het temperen van het licht. Daarnaast verstrekt vitrage de ruimten een speciale ambiance.

Die wesentliche Funktion von Stores besteht darin, das einfallende Licht zu dämpfen und in den Räumen gleichzeitig ein besonderes Ambiente zu schaffen.

La principal función de los visillos es matizar la luz, proporcionando al mismo tiempo una ambientación especial a los espacios.

Upholstery

Upholstering economically changes the aspect of furniture if you consider that good upholstery can last for many years. You will have to decide whether it is worthwhile reupholstering your old furniture by objectively analyzing the value of the furniture.

Mithilfe von Bezugs- und Polsterstoffen, die bei guter Qualität viele Jahre lang halten, kann das Aussehen von Möbeln bereits mit geringem Kostenaufwand verändert werden. Bevor entschieden wird, ob ein altes Möbelstück neu bezogen oder durch ein neues Exemplar ersetzt werden soll, muss der Wert des Möbelstücks objektiv analysiert werden.

Met stoffering kan het aspect van de meubels voor weinig geld worden veranderd als we daarbij rekening houden met het feit dat een goede stoffering jarenlang meegaat. Om te besluiten of het beter is om een oud meubelstuk opnieuw te bekleden of om dit voor een nieuwe te vervangen, moet eerst de waarde van het meubelstuk objectief worden geanalyseerd.

Las tapicerías nos permiten cambiar el aspecto de los muebles sin gastar mucho dinero, pues una buena tapicería puede durar muchos años. En función del valor del mueble, decidiremos si nos sale más a cuenta retapizarlo o sustituirlo por uno nuevo.

The quality of material lies in the weight of the fabric, indicating its durability. The fabric is subjected to rub tests: a high value indicates that the material will remain unchanged for a considerable period of time.

Voor de kwaliteit van het materiaal kunnen we informeren naar het gewicht van de stof, een eigenschap die de duurzaamheid ervan aangeeft. Deze wordt berekend door de stof aan een wrijvingstest te onderwerpen. Een hoge waarde geeft aan dat het materiaal een aanzienlijke tijd onveranderlijk blijft.

Das Stoffgewicht ist ein Indiz für die Haltbarkeit von Textilien und somit für die Qualität des betreffenden Materials. Wird der Stoff einer Prüfung der Abriebfestigkeit unterzogen, so sagt ein hoher Wert aus, dass das Material seine Eigenschaften über einen langen Zeitraum hin bewahren wird.

Podremos conocer la calidad del material por el peso de la tela, que indica la durabilidad. Esta se calcula sometiendo la tela a pruebas de frotación: un valor elevado indica que el material se mantiene inalterable durante un periodo considerable de tiempo.

The choice of fabric color or pattern is very important. It does not only have to match the curtains, but also the rest of the furniture and the tone of the floors and walls.

Die Auswahl von Stofffarbe und Muster ist von großer Bedeutung. Es ist zu bedenken, dass der Bezugsstoff nicht nur zu den Vorhängen passen, sondern auch mit dem übrigen Mobiliar des Zimmers und dem Farbton von Boden und Wänden harmonieren muss.

De keuze van de kleur of de bedrukking van de stof is erg belangrijk. We moeten erbij stil staan dat de stof niet alleen bij de gordijnen moet passen, maar ook bij de rest van de meubels en bij de kleur van vloeren en wanden.

La elección del color o estampado de la tela es muy importante. No solo tiene que armonizar con las cortinas, sino también con el resto del mobiliario y con el tono de suelos y paredes.

Upholstery has the potential to change the look of the furniture and the space. Period upholstery helps to efficiently create a classic ambience.

Durch den Einsatz von Bezugsstoffen können das Aussehen der Möbel und die gesamte Raumwirkung verändert werden. Ein barock wirkender Bezugsstoff trägt zur Schaffung eines klassischen Ambientes bei.

Door stoffering kan het aspect van de meubilering en van de ruimten worden veranderd. Een antieke stof helpt op zeer efficiënte wijze een klassieke sfeer te creëren.

Las tapicerías permiten cambiar el aspecto de los muebles y de los espacios que decoran. Una tapicería de época es muy adecuada para crear un ambiente clásico.

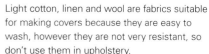

Light cotton, linen and wool are fabrics suitable for making covers because they are easy to wash, however they are not very resistant, so don't use them in upholstery.

Baumwolle, Leinen und leichte Wollstoffe sind Gewebe, die sich für die Anfertigung von Möbelbezügen anbieten, da sie problemlos waschbar sind. Da sie nicht sehr widerstandsfähig sind, sollte von der Verwendung als Polsterstoff abgesehen werden.

Katoen, linnen en lichte wol zijn zeer geschikte stoffen voor het maken van hoezen aangezien ze gemakkelijk te wassen zijn. Ze zijn echter niet al te slijtvast en moeten dan ook niet voor bekleding worden gebruikt.

El algodón, el lino y la lana ligera son paños muy adecuados para la confección de fundas, ya que son fáciles de lavar. Sin embargo, no son demasiado resistentes, por lo que evitaremos usarlos en tapicerías.

An eye-catching fabric can become the center of attention, with the rest of the décor being organized around it.

Ein besonderer Stoff kann die gesamte Aufmerksamkeit auf sich ziehen. In diesem Fall werden die übrigen Dekoelemente rund um diesen Mittelpunkt angeordnet.

Een opvallende stof kan het middelpunt van de belangstelling worden en ervoor zorgen dat de rest van de decoratie eromheen draait.

Una tela atractiva puede convertirse en el centro de atención, haciendo que el resto de la decoración se organice a su alrededor.

Rugs

Rugs can turn a cold, hard stone floor covering into a comfortable and warm floor. They are ideal to unify the living areas creating defined areas or converting a reception area or staircase into an interesting space.

Teppiche verwandeln einen kalten und harten Steinboden in einen komfortablen, warmen Untergrund. Sie sind ideal geeignet, um einzelne Zonen im Wohnzimmer optisch miteinander zu verbinden, voneinander abgegrenzte Bereiche zu schaffen und der Diele oder dem Treppenhaus eigene Persönlichkeit zu verleihen.

Met vloerkleden kan een koud, hard stenen plaveisel veranderen in een comfortabele, warme vloer. Ze zijn ideaal om ruimten in zitkamers te unificeren door afgebakende sferen te creëren of een hal of trap te veranderen in een op zichzelf staande ruimte.

Las alfombras permiten convertir un frío y duro pavimento de piedra en un suelo cómodo y cálido. Son ideales para unificar la zona de estar definiendo espacios o para hacer de un recibidor o una escalera un lugar con personalidad propia.

Different types and styles of rugs:
Oriental rugs: thick in yellow, black, peach, blue and pastel pink colors. Made of wool and silk.
Kilims: made in Iran, Iraq, China, Pakistan, India, Russia and Morocco. Many different designs and colors, thick and somewhat rough appearance.
Persian rugs: made of knotted wool so that its appearance improves with time. Blue and red are predominant colors in their design.
Bokhara and **Turkmen rugs:** with small geometric and repetitive patterns. Originating in Pakistan and Afghanistan, they are not very resistant and not recommended for areas with heavy traffic.
Dhurry: made in India. Large variety of sizes and colors. They are made in cotton, making them more suitable for summer.
Others: Caucasian rugs in bright colors with borders and children's motifs, those made from cloth, formed by pieces of fabric joint together, *flokati*, originating in Greece, with a hairy and heavy appearance, *rya*, from Nordic countries, with fringing and long hair, and *serapes*, blankets from Mexican or Turkish origin, made with traditional methods and which are becoming increasingly popular.

Unterschiedliche Teppichtypen und stile:
Orientteppiche: Dicke Teppiche aus Wolle und Seide in den Farbtönen Gelb, Schwarz, Apricot, Blau und Rosa.
Kelims: Diese Teppiche werden mit vielfältigen Mustern und Farben im Iran und Irak, in China, Pakistan, Indien, Russland und Marokko hergestellt. Sie sind recht dick und wirken etwas grob.
Perserteppiche: Die Wolle wird auf eine besondere Weise geknüpft, so dass das Aussehen der Teppiche mit der Zeit sogar verbessert wird. Bei der Gestaltung herrschen die Farben Blau und Rot vor.
Bucharas oder **Turkmenische Teppiche:** Diese Teppiche mit kleinen, sich wiederholenden geometrischen Motiven stammen ursprünglich aus Pakistan und Afghanistan. Sie sind nicht sehr strapazierfähig und daher für viel begangene Bereiche nur bedingt empfehlenswert.
Dhurries: Diese insbesondere für den Sommer geeigneten Baumwollteppiche stammen aus Indien und werden in unzähligen Größen und Farben gefertigt.
Sonstige: Kaukasische Teppiche in kräftigen Farben, mit Bordüren und kindlichen Motiven; Flickenteppiche aus miteinander verwebten Tuchstücken; ursprünglich aus Griechenland stammende, schwere und flauschige Flokati-Teppiche; skandinavische Rya-Teppiche mit Fransen und langem Flor sowie Sarapes, nach traditionellen Verfahren gewebte Decken aus Mexiko oder der Türkei, die immer beliebter werden.

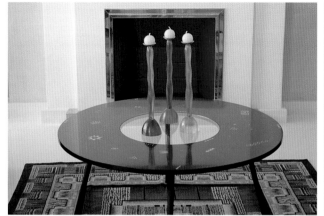

Verschillende soorten en stijlen tapijten:

Oosterse tapijten: dik en met gele, zwarte, perzikachtige, blauwe en pastelroze kleuren. Ze zijn gemaakt van wol en zijde.

Kelims: deze worden in Iran, Irak, China, Pakistan, India, Rusland en Marokko gemaakt. De kleuren en ontwerpen zijn zeer afwisselend en ze zien er dik en wat ruw uit.

Perzische tapijten: deze worden gemaakt van geknoopte wol. Ze zien er na verloop van tijd steeds beter uit. Blauw en rood hebben de overhand in het ontwerp.

Bokhara of *Turkmeense tapijten* met kleine, terugkerende motieven. Deze tapijten komen oorspronkelijk uit Pakistan en Afghanistan en zijn niet erg sterk en dan ook niet aan te raden voor ruimten waar veel mensen langs lopen.

Dhurrie: gemaakt in India. Een keur van afmetingen en kleuren. Deze tapijten worden van katoen gemaakt en zijn daarom geschikter voor in de zomer.

Overige: Kaukasische tapijten, met felle kleuren, sierranden en kinderlijke motieven; voddentapijten, gemaakt van verschillende aan elkaar genaaide stukken stof; de *Flokati* uit Griekenland, die er zwaar en harig uitzien; de *Rya* tapijten uit de Scandinavische landen met gerafelde randen en hoge polen; en de *Sarapes*, dit zijn Mexicaanse of Turkse dekens, gemaakt volgens ambachtelijke methodes, die steeds meer gewaardeerd worden.

Distintos tipos y estilos de alfombras:

Orientales: gruesas y de colores amarillo, negro, melocotón, azul y rosa pastel. Fabricadas en lana y seda.

Kilims: se confeccionan en Irán, Irak, China, Pakistán, India, Rusia y Marruecos. De diseños y colores muy variados, y aspecto grueso y algo áspero.

Persas: fabricadas en lana anudada, de manera que su aspecto mejora con el paso del tiempo. Predominan en sus diseños el azul y el rojo.

Bujara o *turkmena:* presentan motivos geométricos pequeños y repetitivos. Originarias de Pakistán y Afganistán, no tienen mucha resistencia y son poco aconsejables para espacios de mucho tráfico.

Dhurry: fabricadas en India. Gran variación de tamaños y colores. Se confeccionan en algodón, por lo que son más adecuadas para el verano.

Otros: las caucásicas, de colores vivos, cenefas y motivos infantiles; las de trapos, formadas por la unión de trozos de tela; las *flokati*, originarias de Grecia, y de aspecto peludo y pesado; las *rya*, de los países nórdicos, con flecos y pelo largo, y los *sarapes*, mantas de procedencia mexicana o turca, fabricadas con métodos artesanales y cada vez mejor valoradas.

Tips

1. Match curtain and upholstery fabrics to unify spaces and create order.
2. Use versatile window coverings, such as Venetian blinds or Roman shades, for spaces with varying lighting needs.

1. Stimmen Sie Vorhänge und Bezugsstoffe aufeinander ab, um den Raum einheitlich und geordnet wirken zu lassen.
2. Wählen Sie vielseitige Fensterkleider wie z. B. Jalousien oder Faltrollos, um den Lichteinfall im Raum regulieren zu können.

1. Combineer de stoffen van de gordijnen en tapijten zodat de ruimten geünificeerd worden. Op deze manier lukt het om een opgeruimde indruk te maken.
2. Gebruik veelzijdige gordijnen, zoals luxaflex of stores, voor ruimten die afwisselende lichtbehoeften hebben.

1. Combina las telas de las cortinas y las tapicerías para unificar los espacios; así lograrás una sensación de orden.
2. Utiliza cortinas versátiles, como las venecianas o los estores, para espacios con necesidades de luz variable.

This rug is inspired by the murals made by the South African *Besotho* tribe.

Dieser Teppich wurde von den Wandmalereien des südafrikanischen Basotho-Stammes inspiriert.

Dit wollen tapijt is geïnspireerd op de muurschilderingen van de Zuid-Afrikaanse volksstam *besotho*.

Esta alfombra de lana está inspirada en los murales de la tribu sudafricana besotho.

Floor coverings

Choosing a floor covering can be a complicated task. Choose one that best fits your needs and budget, keeping in mind that it must match the general ambience of the house and, in particular, the room that you are decorating.

Die Auswahl eines Bodenbelags kann sich äußerst schwierig gestalten. Man sollte einen Belag wählen, der den Anforderungen des Zuhauses am besten entspricht, darf dabei aber nicht vergessen, dass der Boden auch mit dem allgemeinen Look der Wohnung und insbesondere mit dem zu gestaltenden Bereich harmonieren muss.

Een vloer kiezen kan een gecompliceerde taak zijn. We moeten de vloer kiezen die het best bij onze behoeften en ons budget past, zonder te vergeten dat hij moet overeenstemmen met de algemene sfeer van het huis, in het bijzonder, met de ruimte die we aan het inrichten zijn.

Elegir un suelo puede ser una tarea complicada. Debemos escoger el que mejor se adecua a nuestras necesidades y presupuesto, sin olvidar que debe armonizar con el ambiente general de la casa y, en concreto, con el espacio que estamos decorando.

Wood

It is perhaps one of the first and oldest materials used in construction. Wood comes from a living being and this gives it a special quality that other materials do not possess. Careful maintenance will be keep it unchanged for many years.

Holz ist möglicherweise eines der ersten und ältesten Baumaterialien. Da Holz von einer lebendigen Pflanze stammt, hat es einen besonderen Charakter, der anderen Materialien fehlt. Durch entsprechende Pflege bleibt die Schönheit von Holzböden viele Jahre lang erhalten.

Dit is wellicht een van de eerste en oudste materialen die in de bouw werd gebruikt. Hout komt van een levend wezen waardoor het een speciaal karakter heeft dat andere materialen niet hebben. Door hout met zorg te onderhouden blijft het lang mooi.

Es quizá uno de los primeros y más antiguos materiales usados en la construcción. La madera procede de un ser vivo y esto le confiere un carácter especial que no tienen otros materiales. Una cuidada conservación permitirá que se mantenga inalterable durante muchos años.

The size of the pieces and their arrangement will also be decisive in the creation of the space. Smaller pieces will create a fuller and more diverse look than larger pieces, which produce a feeling of spaciousness.

Größe und Anordnung der Bodenelemente wirken sich wesentlich auf die Raumwirkung aus. Kleinere Teile lassen den Raum voller und heterogener aussehen als große Elemente, durch die ein Zimmer großzügiger wirkt.

De grootte van de stukken en de opstelling ervan zijn ook bepalend bij de inrichting van een ruimte. De kleinste stukken geven een voller effect en de grootste stukken hout geven een heterogeen karakter en zorgen voor een gevoel van ruimte.

El tamaño de las piezas y su disposición serán también determinantes en la creación del espacio. Las más pequeñas darán un aspecto más lleno y heterogéneo que las piezas de dimensiones más grandes, que producen una sensación de amplitud.

Wood is a floor covering somewhere between rigid and flexible materials, and offers the advantages of both of them. It responds positively to acoustics, absorbing the sounds, but at the same time it is a noisy element in itself.

Holz als halbstarrer Bodenbelag ist zwischen harten und weichen Böden einzuordnen und bietet die Vorzüge beider Gruppen. Es schluckt den Schall, erzeugt jedoch gleichzeitig auch Geräusche.

Een houten vloer houdt het midden tussen onbuigzame en flexibele materialen en biedt ons de voordelen van beide. Hout reageert positief op de akoestiek, aangezien het geluiden absorbeert. Het is echter op zich ook een lawaaierig element.

La madera es un pavimento a medio camino entre los materiales rígidos y los flexibles, y nos ofrece las ventajas de cada uno de ellos. Responde de forma positiva a la acústica, ya que absorbe los ruidos, pero al mismo tiempo es un elemento ruidoso en sí mismo.

The use of wood is recommended for most areas of the house, but you take special care of it if you decide to use it in humid areas like the kitchen or bathroom.

Holz bietet sich für den Einsatz in den meisten Bereichen eines Zuhauses an. Soll Holz jedoch in Feuchtbereichen wie Küche oder Bad verwendet werden, muss es besonders gepflegt und instand gehalten werden.

Het gebruik van hout wordt aanbevolen voor de meeste ruimten in huis, hoewel we het met veel aandacht moeten verzorgen als we besluiten om hout in vochtige ruimten zoals de keuken of badkamer te gaan gebruiken.

El uso de la madera es recomendable para la mayoría de los espacios de la casa, aunque deberemos cuidarla con mucha atención si decidimos colocarla en zonas húmedas como la cocina o el baño.

Wood is sold ready for fitting, after a drying process so that it does not suffer significant changes after being laid. If you are going to lay it in a humid space, we recommended that you leave it in this space for one to two months before fitting it so that it adapts to the conditions.

Nach einem Trocknungsprozess, der verhindern soll, dass sich das Holz nach der Verlegung verzieht, werden die Bodenelemente gebrauchsfertig verkauft. Soll Holz jedoch in einer feuchten Umgebung verlegt werden, muss es zuvor ein bis zwei Monate in diesem Raum gelagert werden, damit es sich an die dort herrschenden Bedingungen anpassen kann.

Hout wordt legklaar verkocht, nadat het een droogproces heeft doorstaan zodat het nadat het is gelegd geen belangrijke veranderingen meer ondergaat. Maar als we hout in een vochtige ruimte aanbrengen, dan wordt aanbevolen om het hout een of twee maanden in deze ruimte te bewaren, voordat het gelegd wordt. Op deze manier kan het hout zich aan de omstandigheden aanpassen.

La madera se vende preparada para su instalación, tras un proceso de secado para que después no sufra cambios importantes. Pero si vamos a colocarla en un espacio húmedo, es aconsejable que la dejemos en ese lugar durante uno o dos meses antes de instalarla para que se adapte a las condiciones.

The layout of wood in planks or slats, often with repetitive borders or motifs, provides rhythm to the space. In such cases, decide on the direction you want to accentuate, as according to the positioning, either one direction or another in the space will stand out. In long rooms, placing the planks parallel to the length of the room will make it seem even longer. You can achieve the opposite effect by placing the planks perpendicular to this axis.

Die Verlegung eines Holzbodens aus Paneelen oder Platten, bisweilen mit Bordüren oder sich wiederholenden Motiven, verleiht jedem Raum einen gewissen Rhythmus. Zuvor muss entschieden werden, welche Raumrichtung durch den Boden hervorgehoben werden soll. Eine Verlegung der Paneele parallel zur längsten Raumseite lässt rechteckige Zimmer länger erscheinen. Durch Anordnung der Paneele quer zur langen Raumachse wird ein gegenteiliger Effekt erzielt.

De legwijze van hout in de vorm van latjes of tegels, soms met sierranden of motieven die zich herhalen, voorziet een ruimte van ritme. In deze gevallen moeten we beslissen welke richting we willen benadrukken. Afhankelijk van de legwijze wordt namelijk de ene of andere richting van de ruimte onderstreept. In lange kamers zorgt het parallel naast de langste zijde leggen van de latten ervoor dat ze langer lijken. We krijgen het tegenovergestelde effect als we de latjes loodrecht op deze as leggen.

La disposición de la madera en forma de listones o losetas, a veces con cenefas o motivos repetidos, proporciona ritmo al espacio. En estos casos, hay que estudiar bien la orientación, pues servirá para resaltar una zona u otra. En habitaciones alargadas, la colocación de los listones de forma paralela al lado más largo hará que el espacio también parezca tener mayor longitud. Conseguiremos el efecto contrario colocando los listones perpendiculares a este eje.

The most commonly used wood types in floor coverings are:
Hague: hague-colored, sturdy and durable.
Ash: rough texture, light color and irregular shapes.
Maple: reddish in color, very resistant to wear.
Oak: tough, strong and durable. Irregular veins. Resistant to moisture and pests.

Die folgenden Holzarten werden am häufigsten als Bodenbelag verwendet:
Buche: Hell, strapazierfähig und sehr lange haltbar.
Esche: Raue Oberfläche, helle Farbe und unregelmäßige Maserung.
Ahorn: Rötliche Farbe, sehr strapazierfähig.
Eiche: Robust, widerstandsfähig und lange haltbar. Unregelmäßige Maserung. Beständig gegen Feuchtigkeit und Insektenbefall.

De meest gebruikte houtsoorten voor vloeren zijn:
Beukenhout: Licht van kleur, sterk en zeer duurzaam.
Essenhout: Een oneffen textuur, licht van kleur en onregelmatige vormen.
Esdoornhout: Roodachtig van kleur, zeer gebruiksvriendelijk.
Eiken: Sterk, stevig en duurzaam. Onregelmatige nerven. Vochtvast en bestand tegen plagen.

Las maderas más utilizadas en los pavimentos son:
Haya: de color claro, resistente y muy duradera.
Fresno: de textura rugosa, color claro y formas irregulares.
Arce: de color rojizo, muy resistente al uso.
Roble: resistente, fuerte y duradera. Vetas irregulares. Resistente a la humedad y las plagas.

The possibilities of this material do not end with solid woods. Current technology has developed types of wood such as plywood or melamine, which offer us a world of possibilities at a lower price.

Die Einsatzmöglichkeiten dieses Materials gehen weit über den Bereich Massivholz hinaus. Dank der heutigen Technologie konnten weitere Materialien wie Furniere und Pressholz entwickelt werden, die zu einem günstigeren Preis mit einer Vielzahl an Optionen aufwarten.

De mogelijkheden van dit materiaal houden niet op bij massief hout. Dankzij de huidige technologie is het mogelijk om houtsoorten zoals multiplex of melamine te ontwikkelen, die ons een wereld van mogelijkheden voor minder geld bieden.

Las posibilidades de este material no acaban en las maderas macizas. La tecnología actual ha permitido desarrollar tipos de madera como el contrachapado o las melaminas, que nos ofrecen todo un mundo de posibilidades a un precio más económico.

Wood offers a wealth of possibilities in floor covering possibilities, but the best known is parquet flooring.

Holz bietet unzählige Möglichkeiten für den Einsatz als Bodenbelag, wobei Parkett die bekannteste Verwendungsart ist.

Hout biedt ons oneindig veel toepassingsmogelijkheden voor vloeren, hoewel de meest bekende de parketvloer is.

La madera nos ofrece un sinfín de posibilidades en sus aplicaciones como pavimento, aunque la más conocida es el parqué.

Parquet

Currently widely used, it was also well known and employed in French palaces during the seventeenth and eighteenth centuries. Parquet can be laid in a wide range of possibilities, but generally they are planks nailed on a small base in the form of strips or joists that are arranged perpendicular to the planks, separated 1 or 2 feet apart, and they are used to regulate the floor covering.

Das heutzutage überaus renommierte Parkett wurde bereits in den französischen Palais des 17. und 18. Jahrhunderts weithin verwendet. Parkettboden kann auf vielerlei Weisen verlegt werden, doch meist werden Holzleisten auf kleine Unterlegbalken genagelt, die quer zum Obermaterial angeordnet sind. Diese werden in Abständen von 30 oder 60 cm platziert und dienen dazu, den Boden auszugleichen.

Thans zeer bekend, maar in de Franse paleizen uit de zeventiende en achttiende eeuw werden parketvloeren ook al vaak en veelvuldig gebruikt. Parket kan op zeer diverse manieren worden gelegd, maar over het algemeen worden deklatten ingelegd op kleine onderstukken in de vorm van dwarslatjes of balkjes die haaks onder de latten worden aangebracht, met een onderlinge afstand van 30 cm of 60 cm. Zij worden gebruikt om de vloer gelijk te maken.

Altamente apreciado en la actualidad, también fue muy conocido y usado en los palacios franceses de los siglos XVII y XVIII. El parqué se puede colocar de formas muy diversas, pero por lo general son listones clavados sobre unas bases en forma de ristreles o viguetas. Estos últimos están dispuestos perpendicularmente a los listones, separados entre sí 30 cm o 60 cm, y se utilizan para regular el pavimento.

The characteristics defining a type of wood are color, hue, density, texture, knots, and grain. There is a wide variety of finishes depending on the type of wood and the plank size and arrangement. They range from a simple linear design to more complex patterns including diamonds, motifs or decorative borders.

Das Aussehen von Holz wird von seiner Farbe, Helligkeit, Dichte, Textur, den Knorren und der Maserung geprägt. Das Finish der zahlreichen erhältlichen Holzböden ist nicht nur von der Holzart, sondern auch von der Größe der Paneele und ihrer Anordnung abhängig. Die Verlegung kann ganz einfach linear erfolgen oder komplexer ausgeführt werden und Rhomben, bestimmte Mustern oder Bordüren umfassen.

De eigenschappen die hout onderscheiden zijn de kleur, schakering, dichtheid, textuur, knoesten en nerven. Er zijn vele afwerkingen die niet alleen afhankelijk zijn van het type hout, maar ook van de grootte van de latten en de legwijze, die heel eenvoudig kan zijn met een simpele rechtlijnige opstelling, tot zeer complex, met ruitvormen, motieven of sierranden.

Las características que definen una madera son el color, el tono, la densidad, la textura, los nudos y las vetas. Hay una gran variedad de acabados que no solo dependen del tipo de madera, sino también del tamaño de los listones y su colocación, que puede ser desde la más sencilla, una simple disposición lineal, hasta la más compleja, con forma de rombos, motivos o cenefas.

Engineered flooring

The placement of this type of floor covering is very similar to parquet, but the final appearance can be very different. The thickness varies between 0.3 and 1 inches and this thickness determines whether or not it can be restored, as polishing reduces the thickness of the planks.

Zwar ähnelt die Verlegung von Laminat der von Parkett, doch die Wirkung des Endergebnisses kann sehr unterschiedlich ausfallen. Die Dicke der Paneele liegt zwischen 8 und 25 mm, d. h. von diesem Maß hängt ab, ob der Boden durch Abschleifen erneuert werden kann oder nicht.

Het leggen van dit vloertype lijkt veel op dat van de parketvloer, maar het eindresultaat ziet er heel anders uit. De dikte varieert van 8 mm tot 25 mm en het hangt van deze dikte af of men al dan niet kan overgaan tot de restauratie. Deze vloer moet namelijk worden gepolijst waarmee de dikte van de plank wordt verlaagd.

La colocación de este tipo de suelo es muy parecida a la del parqué, aunque el aspecto final puede ser muy distinto. El grosor varía entre los 8 y los 25 mm, y de esta medida dependerá que pueda ser restaurado o no, ya que en la restauración se realiza un pulido que disminuye el grosor de los listones.

Mosaic wood flooring

Mosaic flooring is less used, because the finish is not quite as elegant. The slats are composed of small blocks that form a picture or geometric pattern.

Mosaikparkett findet seltener Verwendung, da das Endergebnis weniger elegant wirkt. Es besteht aus quadratischen Trägerplatten, auf denen kleine Holzlamellen angeordnet sind, die ein bestimmtes Muster oder geometrisches Motiv formen.

Mozaïek wordt minder gebruikt, aangezien de afwerking ervan niet erg elegant is. Het bestaat uit tegels van kleine latjes die een tekening of geomtrisch motief vormen.

El mosaico es menos usado, ya que su acabado no es tan elegante. Lo constituyen losetas compuestas por pequeños listones que forman un dibujo o motivo geométrico.

They are positioned or glued to the floor or by a tongue and groove system connecting the slats.

Die Elemente werden entweder mit dem Untergrund verklebt oder mithilfe einer Nut-und-Feder-Verspundung miteinander verbunden.

De planken worden met hechtmiddel aan de vloer vastgeplakt of de tegels worden aan de hand van een zwaluwstaartverbinding met elkaar verbonden.

Se coloca o bien mediante adhesivo pegado al suelo o un machihembrado que une las losetas.

Wood floor finishes

We can give color to the wood by painting or staining. The most suitable paintings are glazes, which provide a glossy finish, eggshell paints, which are not as bright, and those containing epoxy resin, which are more resistant. Staining treats the wood in a gentle manner.

Holz kann durch Lacke oder Lasuren eingefärbt werden. Lacke sind für den Anstrich am besten geeignet, da sie für ein glänzendes Finish sorgen, halbmatte Farben fallen weniger glänzend aus und Epoxidharzlacke machen den Anstrich widerstandsfähiger. Lasuren verleihen dem Holz ein natürlicheres Aussehen als andere Anstriche. Das einzufärbende Holz sollte zuvor mit einer Imprägnierung behandelt werden.

We kunnen het hout kleuren met lak of kleurstof. De meest geschikte verf is lak, die voor een glanzende afwerking zorgt. Daarnaast is er halfmatte lak, die minder glanst. Verf die epoxyhars bevat verstrekt het hout zeer veel weerstand. Met kleurstoffen kan het hout op een minder radicale wijze dan met lak worden behandeld.

Podemos dar color a la madera mediante la pintura o el tinte. Las pinturas más adecuadas son los esmaltes, que proporcionan un acabado brillante; las pinturas semimates, de acabado menos brillante, y las que contienen resina epóxica, que ofrecen gran resistencia. El tinte trata la madera de una forma menos agresiva que la pintura.

Hard floor coverings

This type of flooring covers a wide variety of high strength and resistant materials, thus they are longer lasting. This group includes bricks, floor tiles, stone tile, marble, gresite or mosaic tiles… They all offer a result that can be both elegant and cold. Their high resistance makes them suitable for all types of spaces, even those that have more contact with the exterior.

Zu dieser Gruppe gehören zahlreiche harte und widerstandsfähige Materialien, die eine lange Lebensdauer bieten, wie beispielsweise Ziegel, Keramikfliesen, Steinplatten, Marmor, Mosaikfliesen usw. All diese Materialien sorgen für ein elegant, aber gleichzeitig kalt wirkendes Endergebnis. Dank ihrer hohen Strapazierfähigkeit sind sie für die Verlegung in Räumen aller Art und sogar in Außenbereichen geeignet.

Onder deze benaming vallen vele materialen met een hoge hardheid en weerstand. Zij hebben dan ook een lange levensduur. Onder deze groep vallen bakstenen, plavuizen, stenen vloerplaten, marmer, glastegels,… Zij bieden allemaal een elegant resultaat dat echter ook kil kan zijn. De grote weerstand ervan maakt dat deze vloeren geschikt zijn voor allerlei vertrekken, zelfs voor ruimten die veel in contact met buiten zijn.

Bajo esta denominación encontramos una amplia variedad de materiales de alta dureza y resistencia, y por tanto gran durabilidad. Este grupo engloba ladrillos, pavimentos cerámicos, placas de piedra, mármoles, gresite… Todos ellos ofrecen un resultado elegante pero a la vez algo frío. Su gran resistencia los hace adecuados para todo tipo de espacios, incluso aquellos que están más en contacto con el exterior.

Pieces with figurative motifs provide us with a world of decorations that will suit a variety of spaces.

Elemente mit bildlichen Motiven bieten unzählige Gestaltungsmöglichkeiten und lassen sich auf die jeweiligen Raumgegebenheiten abstimmen.

Tegels met figuurlijke motieven voorzien ons van een wereld van decoratiemogelijkheden die zich aan een keur van ruimten aanpassen.

Las piezas con motivos figurativos nos proporcionarán todo un mundo de soluciones decorativas ideales para una gran variedad de espacios.

Brick

Brick is, along with wood and stone, one of the oldest building materials. Cheaper than stone, for centuries it has been the basic construction element favored by poorer classes of society. Its use is especially recommended for ground floors and exteriors, as due to its weight it may not be suitable for apartment blocks.

Ziegel gehören genau wie Holz und Stein zu den in der Geschichte am längsten verwendeten Baumaterialien. Da sie günstiger sind als Stein, waren sie viele Jahrhunderte lang ein Baustoff für die ärmeren Gesellschaftsschichten. Ziegel bieten sich insbesondere für den Einsatz in Untergeschossen und Außenbereichen an, da sie in vielen Fällen aufgrund ihres Gewichts nicht für die Verlegung in Wohnungen geeignet sind.

Baksteen is net als hout en natuursteen een van de oudste bouwmaterialen. Baksteen is goedkoper dan natuursteen en is eeuwenlang een bouwelement van de armste klassen van de samenleving geweest. Gebruik ervan is in het bijzonder geschikt voor lage huizen en buitenmuren, aangezien het gewicht dit materiaal minder adequaat maakt voor flatgebouwen.

El ladrillo es, junto a la madera y la piedra, uno de los más antiguos materiales de construcción. De coste más bajo que la piedra, ha sido durante siglos el elemento preferido de las clases populares. Su uso está especialmente indicado para planta baja y exteriores, ya que por su peso no resulta apropiado para los pisos.

Due to its natural origin, brick provides both a rustic and warm style to spaces.

Aufgrund seines natürlichen Ursprungs verleihen Ziegel den Räumen eine rustikale Note und sorgen für ein warmes Ambiente.

Omdat ze van natuurlijke afkomst zijn geven bakstenen ruimten een landelijke, en tegelijkertijd zeer gezellige sfeer.

Por su procedencia natural, el ladrillo proporciona a los espacios un aire rústico, al mismo tiempo que muy cálido.

Floor tiles

There are many types of tiles and different finishes: glazed, unglazed, handmade or machine made… Similar to bricks, manufacturing with natural materials such as earth gives them a very warm and textured aspect. However, unlike bricks, tiles offer us a world of color combinations and endless decorative possibilities.

Es gibt unzählige Arten von Fliesen in vielfältigen Ausführungen: glasiert, unglasiert, handgeformt oder maschinell gefertigt… Da die verwendeten Rohstoffe genau wie bei Ziegeln aus der Natur stammen, zeichnen sich Fliesen durch eine warme Raumwirkung und eine besondere Textur aus. Im Gegensatz zu Ziegeln warten Fliesen jedoch mit einen immensen Vielfalt an Farben und unzähligen Gestaltungsmöglichkeiten auf.

Er zijn vele soorten plavuizen met verschillende afwerkingen: verglaasd, zonder verglazing, met de hand of machinaal gemaakt... Net als bakstenen worden zij gemaakt van natuurlijke materialen zoals aarde waardoor ze er warm en getextureerd uitzien. Plavuizen bieden ons echter, in tegenstelling tot bakstenen, een wereld van kleurencominaties en oneindig veel mogelijkheden wat decoratieve effecten betreft.

Existen múltiples tipos de baldosas y de acabados: vitrificadas, sin vitrificar, fabricadas a mano o a máquina… Al igual que los ladrillos, al estar realizadas a partir de materiales naturales como la arcilla, tienen un aspecto muy cálido y texturado. Sin embargo, a diferencia de aquellos, las baldosas nos ofrecen todo un abanico de combinaciones de colores y un sinfín de posibilidades decorativas.

The best-known and most popular types of tiles are ceramic, terracotta, unglazed and encaustic. Ceramic tiles are made with pressed refined clay making them resistant and uniform in color. Glazed tiles do not wear very well, and there are some models in the market made with silicon carbide, which is slip resistant.

Die bekanntesten und am weitesten verbreiteten Fliesentypen sind Keramikfliesen, Terrakottafliesen, unglasierte und enkaustische Fliesen. Keramikfliesen werden aus aufbereitetem, gepressten Ton hergestellt und sind besonders widerstandsfähig und gleichmäßig eingefärbt. Glasierte Fliesen sind nicht sehr verschleißfest. Einige Fliesenmodelle werden unter Verwendung von Siliciumcarbid hergestellt, das sie rutschfest macht.

De bekendste en populairste soorten zijn de keramische tegels, zoals terracotta, de niet verglaasde en de uitgewassen tegels. Keramische plavuizen worden vervaardigd van geperste verfijnde klei die bestendig en uniform van kleur wordt gemaakt. Verglaasde tegels zijn niet erg slijtvast. Op de markt zijn modellen te vinden die zijn gemaakt van siliciumcarbide dat een antislipeffect heeft.

Los tipos de baldosas más conocidas y populares son de cerámica, de terracota, no vitrificadas y encáusticas. Las baldosas cerámicas se fabrican con barro refinado presionado, y son resistentes y de color uniforme. Las vitrificadas no responden muy bien al desgaste, y en el mercado encontraremos también algunos modelos fabricados con carburo de silicio, que es antideslizante.

Terracotta tiles offer you a world of possibilities. With a natural, warm, textured finish, they are available in countless shades, which vary according to the manufacturing process, baking time and type of fire used. They can be handmade or machine made, the former are obviously more expensive. Recovered terracotta is also available although it is more expensive.

Terrakottafliesen bieten zahlreiche Gestaltungsmöglichkeiten. Ihr natürliches Finish mit der typischen Textur weist stets warme Farbtöne auf, die je nach Herstellungsverfahren, Brenndauer und Brennweise variieren. Terrakottafliesen werden von Hand oder maschinell gefertigt, wobei erstere stets teurer sind. Ferner sind alte, wiederverwendete Terrakottaplatten erhältlich, deren Preis jedoch noch höher ausfällt.

Terracotta's bieden ons een wereld van mogelijkheden. Zij hebben altijd een natuurlijke, warme en getextureerde uitstraling. Ze zijn in oneindig veel kleuren te vinden, die variëren al naargelang het productieproces en de baktijd, alsmede het soort vuur dat wordt gebruikt. Ze kunnen ambachtelijk (duurste variant) of machinaal worden gemaakt. Ook zijn er antieke terracotta's verkrijgbaar, maar deze zijn nog duurder.

Las terracotas nos ofrecen un gran mundo de posibilidades. De acabado siempre natural, cálido y texturado, las encontramos en infinidad de tonalidades, que varían según el proceso de fabricación y el tiempo de cocción, así como del tipo de fuego que se utiliza. Pueden ser fabricadas artesanalmente o a máquina, siendo las primeras más costosas. También podemos encontrar terracotas recuperadas, aunque en este caso el coste será aún superior.

Some types of tiles have a uniform and even finish, well suited to modern spaces and clean lines.

Einige Fliesentypen ergeben einen gleichförmigen, regelmäßigen Bodenbelag, der insbesondere für moderne Bereiche mit klaren Linien geeignet ist.

Sommige vloertegels hebben een uniforme, regelmatige afwerking. Deze zijn erg geschikt voor moderne, schone ruimten.

Algunos tipos de baldosas proporcionan un acabado uniforme y regular, muy adecuado para espacios de líneas modernas y limpias.

Unglazed tiles are made by pressing and baking clay that is rich in silica. They are resistant, though they may show signs of wear as they are not glazed.
Encaustic tiles, also known as mosaics, require a more complicated manufacturing process, which makes them more expensive. This type of floor covering has a regular, matte finish and the colors lose strength over time.

Niet verglaasde plavuizen worden verkregen door siliciumrijke klei te persen en te bakken. Ze zijn bestendig hoewel ze wel sneller slijten doordat ze niet verglaasd zijn. Uitgewassen tegels, ook wel bekend als mozaïek, vergen een ingewikkeld vervaardigingssysteem, waardoor ze duurder zijn. De afwerking van dit soort vloeren is mat en regelmatig en de kleuren vervagen na verloop van tijd.

Unglasierte Fliesen werden durch Pressen und Brennen von kieselsäurereichem Ton hergestellt. Sie sind sehr widerstandsfähig, können jedoch durch das Fehlen der Glasur mit der Zeit Alterungserscheinungen aufweisen. Enkaustische Fliesen erfordern einen komplexeren Herstellungsprozess, der das Endprodukt verteuert. Diese Art von Bodenbelag ist matt und regelmäßig. Mit der Zeit lässt die Farbintensität dieser Fliesen nach.

Las baldosas sin vitrificar se fabrican prensando y cociendo arcilla rica en sílice. Son resistentes, aunque pueden acusar el paso del tiempo por la falta del acabado vitrificado.
Las encáusticas, conocidas también como mosaicos, exigen un proceso de fabricación más complicado, hecho que las encarece. El acabado de este tipo de suelos es mate y regular, y los colores pierden fuerza con tiempo.

Stone

If we emphasized the natural character of the terracotta, stone represents nature itself. Construction element from the origins of humanity, it presents a multitude of finishes, colors, shapes and textures which presents a world of possibilities in flooring and cladding. The most common finishes of stone include polishing, refining, slightly worked or rough.

Terrakottafliesen strahlen bereits eine natürliche Wirkung aus, doch Steinböden stehen für die Natur an sich. Seit Anbeginn der Menschheit wurde Naturstein als Bodenbelag eingesetzt. Das Angebot an Naturstein umfasst eine unglaubliche Bandbreite an Oberflächenbearbeitungen, Farben, Formen und Texturen, die mit ungeahnten Möglichkeiten für die Gestaltung von Böden und Wandverkleidungen aufwartet. Die am häufigsten verwendeten Natursteinplatten weisen eine polierte, geschliffene, sandgestrahlte oder gespitzte Oberfläche auf.

We hebben het natuurlijke karakter van de terracotta's benadrukt, maar natuursteen vertegenwoordigt de natuur op zich. Het is sinds mensenheugenis als bouwmateriaal gebruikt en heeft vele afwerkingen, kleuren, vormen en texturen waardoor het een keur van mogelijkheden biedt voor zowel vloeren als bekledingen. De gebruikelijkste afwerkingen van natuursteen zijn gepolijste, verfijnde, iets bewerkte of ruwe afwerkingen.

Si destacábamos el carácter natural de las terracotas, la piedra representa la naturaleza en sí misma. Elemento de construcción desde los orígenes de la humanidad, la multitud de acabados, colores, formas y texturas que presenta nos abre todo un mundo de posibilidades tanto en pavimentos como en revestimientos. Los acabados más comunes son pulida, refinada, ligeramente trabajada o rugosa.

Typically, stones are classified according to whether they are metamorphic, sedimentary or igneous rocks. Metamorphic rocks such as marble and slate have been formed at high temperatures and pressures. Sedimentary rocks, like sandstone and limestone, are composed of sediments and organic matter; they are less resistant and have a textured finish. Finally, igneous rocks such as granite are older rocks that have glossy finishes due to their crystalline origin.

Over het algemeen worden natuurstenen ingedeeld volgens hun herkomst van metamorfe, sedimentaire gesteente of vuursteen. Metamorfe stenen, zoals marmer of leisteen zijn op hoge temperaturen en druk ontstaan. Sedimentair gesteente, zoals zandsteen of kalksteen, is samengesteld uit sedimenten en organische stoffen. Ze zijn minder sterk en zien er getextureerdere uit. Tenslotte zijn vuurstenen, zoals graniet, de oudste stenen met glanzende afwerkingen dankzij hun kristallen oorsprong.

Natursteine werden im Allgemeinen entsprechend ihrer Entstehung in verschiedene Klassen eingeteilt. Metamorphe Gesteine wie Marmor und Schiefer sind durch Umwandlung unter hohem Druck bzw. hoher Temperatur entstanden. Sedimentgesteine wie Sand- und Kalkstein bestehen aus Sedimenten und organischem Material, sind weniger widerstandsfähig und weisen eine stärkere Textur auf. Magmatische Gesteine wie z. B. Granit sind die ältesten Gesteine der Erde und weisen aufgrund ihres kristallinen Ursprungs ihren charakteristischen Glanz auf.

Por lo general, las piedras se clasifican según procedan de rocas metamórficas, sedimentarias o ígneas. Las metamórficas, como el mármol y la pizarra, se han formado a altas temperaturas y presiones. Las sedimentarias, como la piedra arenisca y la caliza, se componen de sedimentos y materia orgánica, son menos resistentes y su acabado es más texturado. Por último, las rocas ígneas, como el granito, son aquellas de más antigüedad y presentan acabados brillantes debido a su origen cristalino.

Granite is durable, tough and waterproof
and responds well to the aggression of
chemical products. It consists of a compound
of feldspar, quartz and mica. The finish will
depend on its final use. It can be slippery in
contact with water, so if it is used in spaces
like the kitchen or bathroom, it should be given
a rough finish.

Der aus Feldspat, Quarz und Glimmer
bestehende Granit ist äußerst widerstandsfähig,
hart und wasserundurchlässig und zeichnet
sich durch eine gute Chemikalienbeständigkeit
aus. Das Finish der Steinplatten muss auf die
Verwendung in unserem Zuhause abgestimmt
werden. Da Granit bei Kontakt mit Wasser
rutschig wird, muss bei Verlegung in Räumen wie
Küche oder Bad eine entsprechende rutschfeste
Oberflächenbearbeitung gewählt werden.

Graniet is sterk, hard en waterdicht en
reageert goed op de aggresieve effecten van
chemische producten. Graniet bestaat uit
een samenstelling van veldspaat, kwarts en
mica. De afwerking hangt af van het gebruik
waarvoor het wordt bestemd. Bij contact met
water is graniet nogal glad. Daarom wordt
er een ruwe afwerking aan gegeven als we
graniet in ruimten zoals de keuken of de
badkamer gaan gebruiken.

El granito es resistente, duro e impermeable,
y responde bien a las agresiones de los
productos químicos. Está formado por un
compuesto de feldespato, cuarzo y mica. El
acabado dependerá del uso que queramos
darle. Puede resultar resbaladizo en contacto
con el agua, por lo que conviene aplicarle
un acabado rugoso si vamos a colocarlo en
espacios como la cocina o el baño.

Marble has been exploited and imitated endlessly. It has lost the value it had throughout the twentieth century, although contemporary design is recovering it in its purest form. The range of colors offered by the marble is very diverse, ranging from the purest white to black, and even greens, blues, pinks, etc.

Marmor, der in allen Bereichen bis zum Überdruss verwendet und häufig imitiert wurde, hat im Laufe des 20. Jahrhunderts seinen ursprünglichen Wert eingebüßt. Mittlerweile setzt das zeitgenössische Design Marmor oftmals wieder ein, allerdings in schlichten Formen. Die Farbpalette des Marmors ist unglaublich breit gefächert und reicht von reinem Weiß über Grün-, Blau- und Rosatöne bis zu Schwarz…

Marmer, dat tot vervelends toe gebruikt en vaak geïmiteerd wordt, heeft zijn waarde in de loop van de twintigste eeuw verloren, hoewel het moderne design dit materiaal weer in zijn meest zuivere vorm begint te gebruiken. De kleurengamma van marmer is zeer afwisselend, van het zuiverste wit tot zwart, maar ook groen-, blauw- en rozeachtig…

El mármol, usado e imitado hasta la saciedad, ha perdido el valor que ha tenido a lo largo del siglo XX, aunque el diseño contemporáneo lo está recuperando y sus formas más puras. La gama de colores que ofrece el mármol es muy variada, desde los blancos más puros hasta los negros, pasando por verdosos, azulados, rosados…

There are other less used stone floor coverings such as cobblestones or pebbles, mostly used outdoors. The market also offers other possibilities such as artificial stones. Treated concrete also offers a look similar to stone.

Er zijn andere vloeren van minder gebruikte natuursteen, zoals kinderhoofdjes of kiezelstenen, die meer voor buiten worden gebruikt. De markt biedt ook andere mogelijkheden zoals kunststenen. Anderszijds is er bewerkt beton, dat op natuursteen lijkt.

Andere Bodenbeläge aus weniger häufig benutzten Steinelementen wie z. B. Pflaster- oder Kieselsteinen werden eher in Außenbereichen eingesetzt. Außerdem sind auf dem Markt auch alternative Materialien wie Kunststein oder speziell bearbeiteter Beton erhältlich, dessen Aussehen dem von Naturstein sehr nahe kommt.

Existen otros pavimentos de piedra menos comunes, como los adoquines o los guijarros, más usados en espacios exteriores. El mercado ofrece también otras posibilidades, como las piedras artificiales. Por otra parte, encontramos los hormigones tratados, que ofrecen un aspecto parecido al de la piedra.

Hard floor coverings, for their strength, offer an elegant but cold appearance. Their high resistance makes them ideal for spaces with lots of traffic, such as hallways and staircases.

Harte Bodenbeläge wirken elegant, aber gleichzeitig auch kalt. Aufgrund ihrer hohen Verschleißfestigkeit und Strapazierfähigkeit sind sie besonders für die Verwendung in viel begangenen Bereichen wie Fluren und Treppenhäusern geeignet.

Vloeren die vanwege hun hardheid onbuigzaam zijn, zien er elegant maar kil uit. De hoge bestendigheid maakt ze ideaal voor doorgangsruimten zoals gangen en trappen.

Los pavimentos rígidos, por su dureza, ofrecen un aspecto elegante aunque frío. Su alta resistencia los hará ideales para espacios de paso, como pasillos y escaleras.

Terrazo

Terrazzo is a very commonly-used material owing to its strength and durability, reasonable price, and the quality finish it provides. It is made with pieces of marble or granite conglomerates and joined by cement or concrete.

Der Bodenbelag Terrazzo ist ein aufgrund seiner Widerstandsfähigkeit, seiner langen Lebensdauer, seines günstigen Preises und seines hochwertigen Finishs sehr beliebt und weit verbreitet. Er besteht aus Zement oder Beton, in den Marmor- oder Granitstücke eingeschlossen sind.

Terrazzo is een wijd verspreid materiaal vanwege zijn weerstand en duurzaamheid. De prijs en kwaliteit van de afwerking zijn redelijk. Terrazzo wordt gemaakt van stukken samengeperst marmer of graniet dat door middel van cement of beton is samengevoegd.

El terrazo es un material ampliamente difundido por su resistencia y durabilidad, su precio razonable y la calidad del acabado que proporciona. Se fabrica con trozos de mármol o granito conglomerados y unidos mediante cemento u hormigón.

Mosaic tile

Mosaic tiles or gresite floor coverings give us endless finishes and combinations. The dimensions of the pieces, which can be very small, create elaborate designs forming geometric designs and shapes.

Bodenbeläge aus Mosaikfliesen bieten unendliche Möglichkeiten, was Oberflächenbearbeitungen und Kombinationen anbelangt. Die Größe der Mosaiksteinchen, die bei einigen Modellen sehr klein ausfällt, ermöglicht die Kreation aufwändiger Muster und geometrischer Formen.

Met de ook wel als mozaïek bekende gresite vloeren zijn oneindig veel afwerkingen en combinaties mogelijk. De tegels kunnen heel klein zijn waardoor zeer verzorgde ontwerpen met motieven en geometrische figuren kunnen worden gecreëerd.

Los pavimentos de gresite, o mosaico, nos permiten infinidad de acabados y combinaciones. Las dimensiones de las piezas, que pueden llegar a ser muy pequeñas, permiten crear diseños muy elaborados formando dibujos y figuras geométricas.

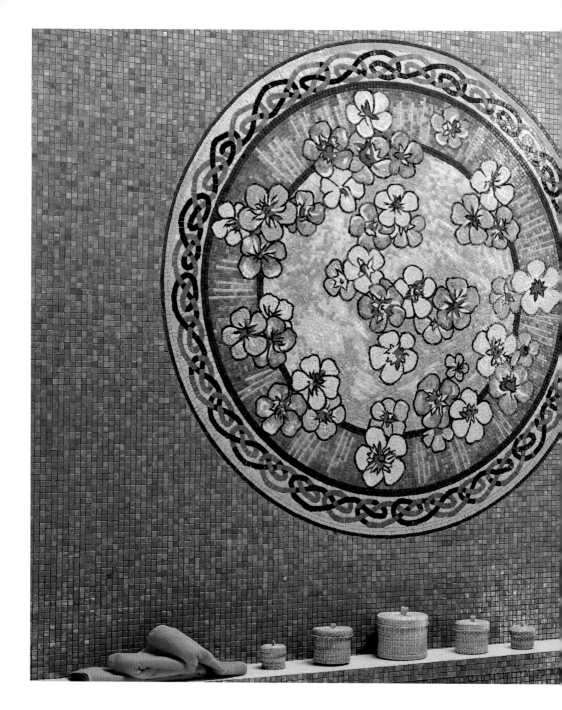

While patterns are mostly used in textiles (curtains and furnishings) and walls (painted patterns or wallpaper), many designers and brands are now offering flooring patterns as well.

Muster werden zwar hauptsächlich bei Stoffen (Vorhänge, Möbelbezüge) und an Wänden (Anstrich mithilfe von Schablonen, gemusterte Tapeten) eingesetzt, doch mittlerweile setzen immer mehr Hersteller und Designer auch bei Bodenbelägen auf auffällige Muster.

Hoewel bedrukkingen voornamelijk in stoffen (gordijnen en meubilair) en op wanden (beschilderd met motieven of behangen) worden toegepast, kiezen veel merken en ontwerpers er tegenwoordig voor om ook op vloeren bedrukkingen te gebruiken.

Si bien los estampados se emplean preferentemente en los textiles (cortinas y mobiliario) y las paredes (pintadas con patrones o empapeladas), en la actualidad muchas marcas y diseñadores apuestan por los estampados aplicados también a los pavimentos.

The abstract designs are inspired by artistic styles from other periods to create a nostalgic atmosphere, or in other words, they readjust them to produce a more up-to-date ambience, at other times, there are images inspired by natural forms and everyday objects.

Abstrakte Muster werden von Kunststilen aus der Vergangenheit inspiriert. Sie schaffen ein nostalgisches Ambiente oder interpretieren die alten Muster für die Gestaltung moderner Wohnumgebungen neu. Bisweilen werden die Muster auch von Formen aus der Natur und Gegenständen des täglichen Lebens beeinflusst.

Abstracte ontwerpen baseren zich op kunststijlen uit andere tijdperken om een nostalgische ambiance te creëren, of passen ze opnieuw aan om actuele sferen te doen ontstaan. In andere gevallen vinden we een afbeelding geïnspireerd op vormen uit de natuur of voorwerpen uit ons dagelijkse leven.

Los diseños abstractos se nutren de estilos artísticos de otras épocas para crear un ambiente nostálgico, o bien los readaptan para darles un aire actual; en otras ocasiones, los dibujos se inspiran en formas de la naturaleza u objetos de nuestra vida cotidiana.

Other

Concrete allows a multitude of treatments that provide a less industrial appearance. Aluminum and galvanized steel sheets are texturized with geometric motifs to prevent slipperiness. The use of glass is less common due to its cost although it has a luxurious and impressive finish, with the pieces joined together with neoprene rubber. The most appropriate is thick toughened glass.

Beton lässt sich auf vielerlei Arten bearbeiten, um seinem Aussehen den industriellen Touch zu nehmen. Bleche und Paneele aus Aluminium und verzinktem Stahl werden mit diversen Texturen und geometrischen Mustern versehen, um sie rutschfest zu machen. Glas wird aufgrund der höheren Kosten weniger häufig verwendet, sorgt jedoch stets für eine luxuriöse und besonders interessante Note. Einzelne Elemente, die nach Möglichkeit aus dickem Sicherheitsglas bestehen sollten, werden mithilfe von Neoprendichtungen miteinander verbunden.

Beton kan op vele manieren bewerkt worden. Dit materiaal ziet er daardoor minder industrieel uit. Platen van aluminium en verzinkt staal zijn getextureerd met geometrische motieven om te voorkomen dat ze glad zijn. Het gebruik van glas komt minder voor vanwege de hoge kosten, hoewel het een luxeuze en spectaculaire uitstraling geeft. De stukken worden met een neopreenrubber aan elkaar vastgemaakt. Het meest geschikt is dik gehard glas.

El hormigón permite multitud de tratamientos que le proporcionan un aspecto menos industrial. Las láminas de aluminio y acero galvanizado las encontramos texturadas con motivos geométricos para evitar que sean resbaladizas El uso del cristal es menos extendido por su coste, aunque presenta un acabado lujoso y espectacular, cuyas piezas se unen con una goma de neopreno. El más adecuado es el vidrio templado grueso.

Polished concrete has a shiny high aesthetic quality that allows it to be used in all kinds of spaces.

Polierter Beton ist sehr glänzend und wirkt daher besonders ansprechend. Er ist für die Verwendung in Räumen aller Art geeignet.

Gepolijst beton krijgt een glanzend aspect van grote esthetische kwaliteit. Daarom kan het in allerlei ruimten worden gebruikt.

El hormigón pulido adquiere un aspecto brillante de gran calidad estética que permite usarlo en toda clase de espacios.

PVC and flexible roll-out floor coverings and tiles

The same materials are available in the form of flexible boards and slats. The difference is based on how they are positioned. The slats are arranged as if they were floor tiles. The boards, due to their larger size, are more difficult to position. It is important that the foundation of the floor covering is smooth.

Elastische Bodenbeläge sind in Form von Paneelen und Platten erhältlich, die unterschiedlich verlegt werden. Bodenplatten werden in der gleichen Weise wie Fliesen verlegt, wohingegen sich die Verlegung großformatiger Paneele komplizierter gestaltet. In jedem Falle ist es besonders wichtig, dass der Untergrund vollkommen eben ist.

Dezelfde materialen komen in flexibele platen en tegels voor. Het verschil is gebaseerd op de manier van leggen. De tegels worden gelegd alsof het om plavuizen gaat. Vanwege de grote afmetingen is het lastiger om platen te leggen. Het is belangrijk dat de ondergrond erg regelmatig is.

Los mismos materiales se presentan en forma de láminas flexibles y losetas. La diferencia se basa en el sistema de colocación. Las losetas se disponen como si fueran baldosas. Las láminas, por sus mayores dimensiones, resultan más difíciles de colocar. Es importante que el pavimento base sea muy regular.

Cork provides a warm finish and tones. Its flexibility and acoustic performance makes it suitable for areas such as children's rooms. Linoleum is manufactured by oxidizing linseed oil and adding pine resin, cork powder, wood flour and limestone powder. It is a flexible and insulating material, with the hardness of stone and the warmth of wood. It is also antibacterial.

Kork wartet mit warmen Farbtönen und einer gemütlichen Oberfläche auf. Dank seiner hohen Elastizität und seines Potenzials zur Schalldämmung ist er besonders für die Verlegung in Kinderzimmern geeignet. Linoleum wird durch Oxidation von Leinöl herstellt, dem Kolophonium, Kork- und Holzmehl sowie Kalksteinpulver zugesetzt werden. Linoleum ist ein elastisches, isolierendes Material – hart wie Stein, warm wie Holz und außerdem antibakteriell.

Kurk ziet er aangenaam uit en heeft zeer warme tonaliteiten. De grote buigzaamheid en het akoestisch gedrag maakt dit materiaal geschikt voor ruimten zoals kinderkamers. Linoleum wordt vervaardigd door de oxidatie van lijnolie, waaraan pijnhars, kurkpoeder, houtmeel en kalksteenpoeder wordt toegevoegd. Het is een flexibel en isolerend materiaal met de hardheid van steen, de gloed van hout en is daarnaast antibacterieel.

El corcho proporciona un acabado y unas tonalidades muy cálidos. Su gran flexibilidad y comportamiento acústico lo hacen muy adecuado para espacios como los cuartos infantiles. El linóleo se fabrica mediante la oxidación del aceite de linaza, al que se añade resina de pino, polvo de corcho, harina de madera y piedra caliza en polvo. Es un material flexible y aislante, que combina la dureza de la piedra y la calidez de la madera, y también es antibacteriano.

Rubber is flexible, waterproof, warm, quiet and, unlike linoleum, resistant to fire. Despite its industrial appearance current trends are applied in decorating. Vinyl and PVC are included in a range of synthetic materials that are manufactured using polyvinyl chloride as a base material. They have all the abovementioned advantages, as well as being resistant to chemicals products and easily maintained. Leather, which is warm, flexible, comfortable and durable provides luxurious and high quality finishes.

Rubber is buigzaam, waterdicht, sterk, warm, geruisloos en, in tegenstelling tot linoleum, vuurvast. Ondanks het feit dat rubber er industrieel uitziet, wordt het materiaal toch in de actuele decoratietrends opgenomen. Onder de namen vinyl of pvc wordt een assortiment synthetische materialen verenigd die worden vervaardigd op basis van polyvinylchloride. Zij hebben alle genoemde voordelen en zijn bovendien bestand tegen chemische producten en gemakkelijk te onderhouden. Leer is aangenaam, buigzaam, comfortabel en sterk en zorgt voor luxueuze kwaliteitsafwerkingen.

Kautschuk wirkt warm, ist elastisch, wasserundurchlässig, widerstandsfähig, geräuscharm und – im Gegensatz zu Linoleum – feuerfest. Obwohl er industriell anmutet, wird Kautschuk den neuen Trends folgend auch im Bereich Inneneinrichtung eingesetzt. Unter die Bezeichnungen Vinyl oder PVC fällt eine ganze Reihe synthetischer Materialien, die mit einem Hauptanteil von Polyvinylchlorid hergestellt werden. Sie warten mit allen oben genannten Vorzügen auf und sind außerdem chemikalienbeständig und problemlos zu pflegen und instand zu halten. Leder ist warm, elastisch, komfortabel und strapazierfähig und verleiht einem Raum eine luxuriöse und hochwertige Note.

El caucho es flexible, impermeable, resistente, cálido, silencioso y, a diferencia del linóleo, resistente a fuego. Pese a su estética industrial, las tendencias actuales lo aplican en la decoración. Bajo los nombres de vinilo o PVC se aúna una gama de materiales sintéticos que se fabrican usando como base el cloruro de polivinilo. Presentan todas las ventajas citadas anteriormente, además de ser resistentes a productos químicos y de fácil mantenimiento. El cuero, cálido, flexible, cómodo y resistente, proporciona acabados lujosos y de gran calidad.

Soft coverings: textile floor coverings

Textiles floor coverings are rarely used due to their low resistance and the dirt that they accumulate. Carpets, although widely used in cold countries, are still not used in Mediterranean design trends and natural fibers are becoming increasingly popular.

Textilböden werden aufgrund ihrer geringeren Strapazierfähigkeit und ihrer erhöhten Schmutzaufnahme weniger häufig verwendet. Teppichböden, die in kälteren Ländern sehr verbreitet sind, spielen im Mittelmeerraum kaum eine Rolle. Im Allgemeinen geht der Trend hin zu Naturmaterialien.

Vloerbedekking wordt maar weinig gebruikt omdat zij niet erg sterk is en veel vuil verzamelt. Vaste vloerbedekking wordt wel veel in koude landen gebruikt, maar hoort niet bij de mediterrane trends van het interieurdesign. Natuurvezels zijn steeds populairder.

Los suelos textiles son poco usados por su baja resistencia y la suciedad que acumulan. La moqueta, aunque muy frecuente en los países fríos, sigue quedando apartada de las tendencias mediterráneas, y las fibras naturales toman cada vez más fuerza.

173

Natural fibers are ideal for use in combination with wood and stone, giving a warm and rustic look.

Naturfasern sind ideal für die Verwendung in Kombination mit Holz und Stein, um ein warmes, rustikales Ambiente zu schaffen.

Natuurvezels zijn ideaal om in combinatie met hout en steen te gebruiken. Zo onstaat een warme, landelijke sfeer.

Las fibras naturales son ideales para usar en combinación con madera y piedra, lo que ofrece un aspecto cálido y rústico.

Natural fibers

Coconut: rugged and rough appearance, suitable for rustic spaces. It can be used in different types of weaves such as fishbone or diamond patterns and dyeing finishes.
Alga: smooth, waterproof finish. It is only available in its natural colors as it does not take dyeing.
Jute: in different tones, but more off-whitish with a smooth but less resistant finish. We recommend applying a protective treatment.
Rush: very resistant and can be installed in humid spaces, as it needs a certain degree of moisture to maintain its properties.
But the best known is **sisal**. Its final aspect varies from rough to smooth and adapts to all spaces and situations.

Kokos: Kokosteppiche haben eine raue, grobe Oberfläche und sind besonders für rustikale Wohnumgebungen geeignet. Sie sind in diversen Ausführungen, Färbungen und Mustern wie z. B. mit Fischgrät- oder Rautenmuster erhältlich.
Seegras: Seegrasteppiche haben eine glattere Oberfläche und sind wasserabweisend. Sie sind ausschließlich in den natürlichen Nuancen des Ausgangsmaterials erhältlich, da Seegras sich nicht färben lässt.
Jute: Die in unterschiedlichen, meist weißlichen Tönen erhältlichen Juteteppiche haben eine weichere Oberfläche und sind weniger strapazierfähig, weshalb sie einer speziellen Schutzbehandlung unterzogen werden sollten.
Binse: Dieses Teppiche sind äußerst strapazierfähig und können in Feuchtbereichen verlegt werden, da die Binse eine gewisse Umgebungsfeuchtigkeit benötigt, um ihre besonderen Eigenschaften zu erhalten.
Die bekannteste Naturfaser für Bodenbeläge ist jedoch **Sisal**, der sich dank seiner rauen bis weichen Oberfläche in Räume und Wohnumgebungen aller Art integrieren lässt.

Kokos: is oneffen en ziet er ruw uit. Het is geschikt voor landelijke ambiances. Er zijn verschillende weefselsoorten zoals het visgraat- of diamantdessin en de geverfde varianten.
Zeewier: heeft een gladdere en waterdichte afwerking. We vinden dit materiaal alleen in zijn natuurlijke kleur. Het kan namelijk niet geverfd worden.
Jute: in verschillende kleuren, hoewel met name wittig. De afwerking is zacht maar minder resistent. Aanbevolen wordt om jute een beschermende behandeling te geven.
Riet: zeer sterk en kan in vochtige ruimten gebruikt worden, aangezien er een zekere vochtigheid nodig is opdat zijn eigenschappen bewaard blijven.
Maar de bekendste natuurvezel is sisal. Dit weefsel houdt het midden tussen ruw en zacht en past bij alle ruimten en situaties.

El **coco:** es rugoso y de aspecto basto, adecuado para ambientes rústicos. Se encuentra en distintos tipos de tejido como la espiga o el diamante y acabados teñidos.
El **alga:** de acabado más liso e impermeable. La encontramos solo en sus tonalidades naturales, ya que no puede teñirse.
El **yute:** en distintas tonalidades, aunque más blanquecinas, de acabado suave pero menos resistente. Se recomienda aplicarle un tratamiento protector.
El **junco:** muy resistente, puede instalarse en espacios húmedos, ya que necesita cierto grado de humedad para mantener sus propiedades.
Pero la más conocida es el sisal. De aspecto final entre rugoso y suave, se adapta a todos los espacios y situaciones.

Fitted carpets

While the use of fitted carpets is very limited in hot areas, in cold Northern European areas they are a basic element for decoration and comfort. Fitted carpets not only provide a soft and supple floor covering and pleasant to walk on, but the material also offers very interesting aesthetic possibilities. The continuous aspect of the material –the joints are not visible– can unify spaces while also separating them.

Während die Verlegung von Teppichböden in warmen Ländern nur wenig verbreitet ist, stellt diese Art von Bodenbelag in kälteren Gebieten ein grundlegendes Elemente für die Raumgestaltung und den Komfort im eigenen Zuhause dar. Ein Teppichboden ist nicht nur eine weiche und elastische Unterlage, auf der das Gehen besonders angenehm ist, sondern auch ein Material, das viele interessante Gestaltungsoptionen bietet. Die Wirkung dieses durchgängigen Bodenbelags mit unsichtbaren Nahtstellen ermöglicht die Vereinheitlichung wie auch die Abgrenzung verschiedener Bereiche.

Hoewel vaste vloerbedekking in warme gebieden maar weinig gebruikt wordt, is het in noordelijke en koude gebieden een basiselement voor de inrichting en het comfort. Vaste vloerbedekking zorgt voor een zachte, flexibele vloer die aangenaam aanvoelt en biedt zeer interessante esthetische mogelijkheden. Dankzij het doorlopende aspect ervan kunnen ruimten worden geünificeerd of juist afgebakend.

Si bien el uso de las moquetas es muy limitado en los países calurosos, en las zonas nórdicas y frías son un elemento básico para la decoración y la comodidad. La moqueta no solo proporciona un pavimento suave y flexible, agradable al tacto de los pies al andar, sino que ofrece posibilidades estéticas muy interesantes. El aspecto de material continuo que adquiere nos permite unificar espacios al mismo tiempo que delimitarlos.

Wall coverings

When decorating a space, you modify it to suit your needs, bear in mind that the walls are a very important element. For the surface that they occupy and their function as partitions they become key decorative weapons.

Will man einen Bereich umgestalten, um ihn an die eigenen Bedürfnisse anzupassen, ist zu bedenken, dass die Wände ein überaus bedeutendes Raumelement darstellen. Da sie eine große Fläche in Anspruch nehmen und verschiedene Bereiche voneinander abtrennen, spielen die Wände bei der Inneneinrichtung eine Schlüsselrolle.

Wanneer we met de ruimte omgaan en deze veranderen om hem aan onze behoeften aan te passen, dan moeten we er rekening mee houden dat de wanden een uiterst belangrijk element zijn. Vanwege de oppervlakte die ze innemen en door de scheidingsfunctie die ze uitoefenen, zijn zeer belangrijke onderdelen van de inrichting.

Cuando intervenimos en el espacio y lo modificamos para adaptarlo a nuestras necesidades, debemos tener en cuenta que las paredes son un elemento de gran importancia. Por la superficie que ocupan y por la función divisora que ejercen, se convierten en armas clave de la decoración.

Walls, besides the decorative function, exert an important role of thermal and acoustic insulation, while providing privacy for people living in the home. For the walls to carry out these functions properly, they should be in a good condition and moisture-free. When walls have a major role to play in terms of thermal insulation, choose thick and warm materials such as wood, plaster and padded cloth. If the problem is acoustic insulation, you should opt for textured coatings such as stone or fabric, helping to reduce noise.

Wanden hebben naast een decoratieve functie ook een belangrijke rol op het gebied van thermische en akoestische isolatie. Daarnaast voorzien zij de bewoners van de woning van privacy. Opdat de wanden deze functies goed kunnen uitoefenen moeten ze zich in goede staat verkeren en vochtvrij zijn. Wanneer de wanden voor warmte-isolatie moeten zorgen, dan dient voor dikke en warme materialen zoals hout, gips en stoffen vullingen te worden gekozen. Als het probleem de geluidsisolatie is, dan kiezen we eerder voor getextureerde bekledingen zoals steen of stof, die bijdragen aan het dempen van het geluid.

Wände spielen nicht nur bei der dekorativen Raumgestaltung, sondern auch bei der Wärme- und Schallisolierung eine wichtige Rolle. Gleichzeitig bieten sie den Bewohnern eines Zuhauses Privatsphäre und Abgeschiedenheit. Damit die Wände ihre Funktionen ordnungsgemäß erfüllen können, müssen sie in gutem Zustand und frei von Feuchtigkeit sein. Sind die Wände besonders wichtig für die Wärmedämmung von Räumen, müssen dicke und isolierende Materialien wie Holz, Gips und Stoffpolsterungen als Wandverkleidung gewählt werden. Steht die Schallisolierung im Vordergrund, sind Wandverkleidungen mit Textur (wie beispielsweise Stein oder Stoff) die erste Wahl, da sie geräuschmindernd wirken.

Las paredes, además de la función decorativa, ejercen un importante papel de aislamiento térmico y acústico, al mismo tiempo que proporcionan intimidad a los habitantes de la vivienda. Para que las paredes puedan cumplir correctamente estas funciones, deben encontrarse en un buen estado y estar libres de humedades. Si buscamos un buen aislamiento térmico, elegiremos materiales gruesos y cálidos como la madera, el yeso y los acolchados de tela. Si nos preocupa el aislamiento acústico, optaremos por revestimientos texturados como la piedra o la tela, que contribuyen a mitigar el ruido.

Paint

Painting is the most economical technique and perhaps has most surprising results. There are water-based emulsions that cover more easily and dry faster, but are less durable. The lacquers have a high refractive power, which makes them appear brighter.

Ein Farbanstrich ist die kostengünstigste Option für eine Wandgestaltung mit überzeugenden Resultaten. Anstriche mit Farben auf Wasserbasis decken gut und trocknen schneller, sind jedoch weniger haltbar. Lacke brechen das Licht stärker und lassen einen Raum daher heller wirken.

Schilderen is de goedkoopste techniek met de meest verrassende resultaten die we op de wanden kunnen toepassen. De als emulsies bekende verven hebben een waterbasis, waardoor ze heel gemakkelijk dekken en zeer snel drogen, hoewel ze wel minder lang meegaan. Lak heeft een hoge lichtbrekende kracht, waardoor ze lumineuzer lijken.

La pintura es la técnica más económica y de resultados más sorprendentes que podemos aplicar a las paredes. Las conocidas como emulsiones tienen una base acuosa, por lo que cubren más fácilmente y secan más rápido, aunque son menos duraderas. Las lacas tienen un alto poder refractante, lo que hace que parezcan más luminosas.

There are also paintings that allow us to create effects, such as enamels, which are prepared with turpentine (2 parts) and oil varnish (1 part) added to oil-based paint and provides a glossy, elegant and bright.

Er zijn ook verven waarmee bepaalde effecten kunnen worden verkregen, zoals emaillak, die wordt bereid op basis van terpetijnolie (2 delen) en olielak (1 deel) toegevoegd aan verf op oliebasis. Deze lak zorgt voor een glanzende, elegante en lumineuze uitstraling.

Mit verschiedenen Farben können auch besondere Effekte erzielt werden: eine Mischung aus zwei Teilen Terpentinöl und einem Teil Ölfirnis, die zu einer Farbe auf Ölbasis gegeben wird, sorgt für ein glänzendes, elegantes Finish, das dem Raum mehr Helligkeit verleiht.

Existen también pinturas que nos permiten crear efectos, como los esmaltados, que se preparan con esencia de trementina (2 partes) y barniz al aceite (1 parte) añadidos a pintura de base aceite, y que proporcionan un acabado brillante, elegante y luminoso.

As well as the wide range of patterns to be found in the market, you can also create your own motifs. With the right advice, you can create motifs using stencils, stamps and paint, using different paint techniques or materials to personalize your space. Or alternatively, there are many companies that will create personalized designs to order.

Neben der großen Auswahl an auf dem Markt erhältlichen Mustern kann jedermann auch sein ganz persönliches Design kreieren. Nach einer zielgerichteten Beratung kann man mithilfe von Schablonen, Stempeln und Farben eigene Motive entwerfen und anhand unterschiedlicher Maltechniken und Materialien Räume individuell gestalten. Alle, die ihrer eigenen Kreativität keinen Lauf lassen möchten, können entsprechende Unternehmen mit dem Entwurf personalisierter Designs beauftragen.

Naast de grote hoeveelheid bedrukkingen die er op de markt te vinden is, kunnen we ook onze eigen motieven creëren. Met goed advies kunnen we het wagen om motieven te creëren met behulp van patronen, stempels en verf. Hierbij kunnen we met verschillende schildertechnieken of met diverse materialen onze ruimten een persoonlijk tintje geven. En als we dat niet aandurven, dan zijn er vele bedrijven die in opdracht persoonlijke ontwerpen maken.

Además de la gran cantidad de estampados disponibles en el mercado, es posible hacer nuestros propios diseños. Con un buen asesoramiento, podemos atrevernos a crear motivos usando patrones, sellos y pinturas, empleando técnicas pictóricas diferentes o seleccionando distintos materiales para personalizar nuestros espacios. Y si no nos animamos, hay una gran cantidad de empresas que realizan diseños personalizados por encargo.

In bedrooms, one of the most private areas of the home, relaxing, soft or pastel colors are recommended. And the ideal color for these spaces is always white, because it transmits calmness and relaxation in spaces, as a main color or as a supplement to another.

In Schlafzimmern, den intimsten Bereichen eines Zuhauses, sollten beruhigende, sanfte Farben und Pastelltöne eingesetzt werden. Weiß ist stets die ideale Farbe für diese Räume, da es – sei es als Haupt- oder als Nebenfarbe – beruhigend und entspannend wirkt.

In slaapkamers, een van de intiemste ruimten van het huis, worden ontspannende, zachte kleuren en pasteltinten aanbevolen. De ideale kleur voor deze ruimten is nog altijd wit, omdat deze kleur rust en ontspanning uitstraalt. Het kan zowel als hoofdkleur als complementaire kleur worden gebruikt.

En los dormitorios, uno de los espacios más íntimos de la casa, se recomiendan colores más relajantes, suaves y tonos pastel. Y el color ideal para estos espacios es siempre el blanco, porque transmite serenidad y relajación a los ambientes que decora, tanto como color principal o como complemento de otro.

Wallpaper

Wallpapers available on the market have very different motifs, from flowers to borders, stars, stripes, geometric shapes... You will definitely be able to find wallpaper that suits your requirements. Wallpaper can also be combined with paint, adding even more possibilities.

Auf dem Markt sind Tapeten mit den unterschiedlichsten Mustern erhältlich – von Blumen über Zierleisten und Sterne bis hin zu Streifen und geometrischen Formen… Bei einer so großen Auswahl findet jeder mit Sicherheit eine Tapete nach seinem Geschmack. Durch die Kombination von Tapete und Anstrich werden die vorhandenen Möglichkeiten vervielfacht.

Het behang dat we op de markt aantreffen heeft zeer afwisselende motieven, van bloemen tot sierranden, sterren, strepen, geometrische vormen… Zeker weten dat u een behang kunt vinden dat bij de ideeën die u nastreeft past. Bovendien kan behang met verf worden gecombineerd, waardoor er nog meer mogelijkheden ontstaan.

Los papeles pintados que encontramos en el mercado presentan motivos muy variados, desde flores a cenefas, estrellas, rayas, formas geométricas… Seguro que hay un papel que se adapta a la idea que perseguimos. Además, podemos combinarlo con la pintura, añadiendo aún más posibilidades.

There are two basic types of wallpaper, according to the manufacturing method: block printing is more expensive, but it is more durable, machine printed wallpaper is cheaper and some can be cleaned and they are more resistant as they contain vinyl.

Je nach Art der Fertigung werden zwei grundlegende Tapetentypen unterschieden: geprägte Tapeten sind teurer, jedoch langlebiger und weniger empfindlich; maschinell bedruckte Tapeten dagegen sind preisgünstiger. Einige Ausführungen lassen sich dank eines Vinylanteils leicht reinigen lassen und sind reißfester.

Er zijn twee basistypes behang, afhankelijk van de productiemethode: het met een matrijs bedrukte behang is duurder, maar is ook slijtvaster; anderszijds is er het machinaal bedrukte behang dat goedkoper is. Sommige kunnen schoongemaakt worden en zijn tegelijkertijd scheurbestendiger omdat ze vinyl bevatten.

Existen dos tipos básicos de papel pintado, según el método de fabricación: el estampado con molde es más caro pero soporta mejor el paso del tiempo, mientras que el impreso a máquina resulta más económico y resistente a la rotura por contener vinilo, y algunos pueden lavarse.

Creating themed period spaces will be easier through the use of wallpaper.

Die Kreation von Räumen in verschiedenen Stilrichtungen wird durch die Verwendung entsprechender Tapeten erheblich erleichtert.

Het creëren van een antieke ambiance is gemakkelijker met behulp van behang.

La creación de espacios con ambientación de época será más fácil mediante el uso de papeles pintados.

Nature, in the form of decorative art, is introduced to the home, with plants and animals figures evoking far-off, exotic landscapes. For example, the patterns used in children's rooms include everyday elements from nature: farm animals or garden plants.

Die Natur hält mit Pflanzen- und Tiermotiven, die uns bisweilen an ferne, exotische Landschaften erinnern, Einzug in unser Zuhause. In Kinderzimmern werden meist bedruckte Einrichtungselemente eingesetzt, die alltägliche Facetten unserer Natur zeigen, wie beispielsweise Haustiere oder bekannte Pflanzenarten.

De natuur, omgevormd in decoratieve kunst, wordt in de inrichting van de woning geïntroduceerd met planten- en dierfiguren die soms verre en exotische landschappen oproepen. Bedrukkingen die worden gebruikt voor bijvoorbeeld kinderkamers benadrukken meer alledaagse elementen uit de natuur, zoals huisdieren of bekende plantensoorten.

La naturaleza, convertida en arte decorativo, se introduce en el hogar con figuras de plantas y animales que evocan paisajes a veces lejanos y exóticos. Los estampados que se usan en las habitaciones infantiles presentan elementos de la naturaleza más cotidianos: animales domésticos o especies vegetales cercanas.

Interiors where the same pattern is applied to different elements and decoration materials are clearly moving away from the obsession with blank spaces reflected in most interior design projects.

Het interieur waarin dezelfde bedrukking wordt toegepast op verschillende decoratie-elementen en materialen ligt ver van de obsessie voor het lege dat wordt weerspiegeld in de meeste projecten van binnenhuisarchitectuur.

Räume, in denen ein Muster verschiedene Elemente und Dekomaterialien ziert, bilden den Gegenpol zu den zahlreichen minimalistischen Innenarchitekturprojekten, in denen die Leere im Vordergrund steht.

Los interiores en los que el mismo estampado se aplica a distintos elementos y materiales de la decoración se apartan de la obsesión por el vacío que se refleja en la mayoría de los proyectos de interiorismo.

Fabrics

Fabrics give a similar result to those on wallpaper for their decorative motifs. Their application is particularly suitable for when we want to muffle the sound produced in a room. We can use any type of fabric for this purpose, although thicker and less elastic fabrics will be the easiest to hang.

Stoffe erzielen dank ihrer Muster bei der Wandgestaltung eine ähnliche Wirkung wie Tapeten und bieten sich insbesondere dann an, wenn in einem Raum eine zusätzliche Schalldämmung erreicht werden soll. Zu diesem Zweck können Stoffe aller Art eingesetzt werden, wobei dickere und weniger elastische Gewebe weitaus einfacher anzubringen sind.

Stoffen zorgen voor een resultaat dat door de siermotieven erg lijkt op dat van behang. De toepassing ervan is in het bijzonder geschikt wanneer men het geluid dat in een kamer wordt voortgebracht wil dempen. We kunnen elk soort stof voor dit doel gebruiken, maar dikkere en minder elastische stoffen zijn het gemakkelijkst aan te brengen.

Los tejidos proporcionan un resultado muy parecido al de los papeles pintados por sus motivos decorativos. Su aplicación está especialmente indicada para aquellos casos en que nos interesa amortiguar el sonido que se produce en una habitación. Podemos usar cualquier tipo de tela con esta finalidad, aunque las que son más gruesas y menos elásticas serán las más fáciles de colocar.

Natural fibers

Fabrics offer us a world of decorating possibilities for the ease with which they are handled.

Stoffe lassen sich einfach anbringen und drapieren und bieten somit unzählige Dekorationsmöglichkeiten.

Stoffen bieden ons een wereld van decoratieve mogelijkheden door het gemak waarmee ze kunnen worden gehanteerd.

Las telas nos ofrecen todo un mundo de posibilidades decorativas porque resultan muy fáciles de usar.

Tiles

Just like floor tiles, wall tiles come in various forms, although in this case they are not as thick. Wall tiles are traditionally used in kitchens and bathrooms for their ability to resist contact with water and ease of cleaning.

Genau wie Bodenfliesen sind auch Wandfliesen in unterschiedlichen Klassen und Verarbeitungsformen erhältlich. Fliesen für Wandverkleidungen weisen jedoch eine geringere Stärke auf. Aufgrund ihrer wasserabweisenden Oberfläche und der einfachen Reinigung wurden Wandfliesen ursprünglich nur in Küche und Badezimmer verwendet.

Net als vloertegels zijn er verschillende soorten wandtegels. Deze laatste zijn echter dunner. Wandtegels werden vanouds in keukens en badkamers gebruikt, omdat zij tegen water bestand en gemakkelijk schoon te maken zijn.

Al igual que las baldosas para el suelo, las azulejos para paredes pueden ser de distintos tipos, aunque en este caso el grosor es menor. Los azulejos se han usado tradicionalmente en cocinas y baños, por su resistencia al agua y por su fácil limpieza.

Tiles are suitable for areas that must resist
humidity and constant cleaning, such as the
kitchen and bathroom.

Wandfliesen sind speziell für die Verwendung
in Räumen wie Küche und Bad geeignet, in
denen erhöhte Feuchtigkeit herrscht und die
häufig gereinigt werden müssen.

Wandtegels zijn geschikt voor ruimten die
constant vochtigheid moeten verdragen en
vaak worden schoongemaakt, zoals de keuken
en de badkamer.

Los azulejos son apropiados para espacios
que deben soportar humedad y limpieza
constantes, como la cocina y el baño.

Plaster

The application of traditional techniques such as stucco disappeared with the use of more modern and less expensive techniques. The taste for the old and handcrafted has led to the recovery of some techniques such as stucco and now many techniques emulate this process.

Die Anwendung traditioneller Putzaufträge an den Wänden ging durch das Aufkommen modernerer und preisgünstiger Verfahren für die Wandgestaltung verloren. Der Trend hin zu althergebrachten und kunsthandwerklichen Arten der Gestaltung hat einige Verfahren wie das plastische Verputzen in mehreren Schichten wieder aufleben lassen und zur Entwicklung neuer Techniken geführt, die das Ergebnis der aufwändigeren Verfahren imitieren.

De toepassing van traditionele technieken zoals pleisterwerk is verloren gegaan tengevolge van het gebruik van andere modernere en minder dure technieken. De smaak voor het oude en voor het ambachtelijke heeft ertoe geleid dat sommige technieken zoals stucco lustro in hun eer zijn hersteld en heeft vele technieken doen ontstaan om deze na te bootsen.

La aplicación de técnicas tradicionales ha cedido terreno a otros métodos más modernos y menos costosos. Sin embargo, el gusto por lo antiguo y lo artesanal ha llevado a la recuperación de algunas de esas técnicas, como el estuco al fuego, y a la aparición de procedimientos que lo imitan.

Wood

In addition to covering floors, wall paneling
has always been a widely used resource as
natural wood adds warmth and elegance, while
providing acoustic insulation. The advantage is
that wood is strong, relatively lightweight and
flexible.

Holzpaneele eignen sich nicht nur für die
Gestaltung von Fußböden, sondern wurden
seit jeher auch für die Verkleidung von
Wänden eingesetzt, da Naturholz einem Raum
Wärme und Eleganz verleiht und gleichzeitig
schalldämmend wirkt. Der Vorteil von Holz
besteht darin, dass es sehr robust, relativ leicht
und elastisch ist.

Naast de bekleding van vloeren, is het met
hout bekleden van wanden ook altijd een
veel gebruikt hulpmiddel geweest. Natuurlijk
hout zorgt namelijk voor warmte en elegantie
en fungeert tevens als geluidsisolatie. Het
voordeel van hout is dat het sterk, relatief licht
en buigzaam is.

Además de revestir suelos, la madera ha
sido desde siempre un recurso muy utilizado
para las paredas, puesto que añade calidez
y elegancia, al tiempo que sirve de aislante
acústico. La ventaja de la madera es que es
fuerte, relativamente ligera y flexible.

Other materials

Metal and glass blocks provide a modern touch, although they may look quite cold. Leather is a warm material that also gives off quality and elegance. There are also materials developed with cutting edge technology available on the market such as drywall coated cardboard used to construct walls using the dry technique, without using water, cement or plaster.

Metallbleche und Glasbausteine verleihen Räumen eine moderne Note, können aber auch übermäßig kalt wirken. Leder strahlt Wärme aus und sorgt für einen erlesenen, eleganten Touch. Ferner sind speziell entwickelte Materialien wie Gipskartonplatten erhältlich, die für die Errichtung von Wänden im Trockenbau – ohne Einsatz von Wasser, Zement oder Gips – verwendet werden.

Metaalplaten en glasblokken geven een modern tintje, hoewel ze ook te kil kunnen zijn. Leer is een warm materiaal dat bovendien kwaliteit en elegantie uitstraalt. Ook vinden we materialen op de markt die zijn ontwikkeld met high technology zoals gipskartonplaten die worden gebruikt om muren te bouwen met behulp van droge techniek, zonder water, cement of gips te gebruiken.

Las planchas de metal y los bloques de vidrio proporcionan un aire moderno, aunque pueden resultar demasiado fríos. El cuero es un material cálido que además desprende calidad y elegancia. También encontramos en el mercado materiales desarrollados con alta tecnología como los paneles de yeso recubiertos de cartón que se utilizan para construir paredes usando la técnica seca, sin usar agua, cemento ni yeso.

Restoring an old wall covering, whether they are tiles, brick or stone, will give a house an added quality. Glass blocks, widely used in the seventies, are making an appearance in contemporary design trends as they are an effective method of insulation allowing the passage of light.

Durch die Freilegung einer alten Wandverkleidung aus Fliesen, Mauerziegeln oder Stein kann einem Zuhause ein besonderer Mehrwert verliehen werden. Glasbausteine, die in den siebziger Jahren häufig Verwendung fanden, sind auch heute wieder angesagt, da sie Bereiche abtrennen und gleichzeitig den Einfall von Tageslicht ermöglichen.

Het herstel van een oude bekleding, of het nu om tegels, metselwerk of natuursteen gaat, geeft de woning een toegevoegde kwaliteit die we vast en zeker weten te waarderen. Glazen bakstenen, die in de jaren zeventig veel werden gebruikt, worden weer toegepast in de hedendaagse designtrends omdat het een efficiënte isolatiemethode is terwijl licht doorgelaten kan worden.

La recuperación de un antiguo revestimiento, ya sean unas baldosas, obra vista o piedra, dará a la vivienda una calidad añadida que seguramente sabremos valorar. Los ladrillos de vidrio, muy usados en los setenta, se están recuperando en el diseño contemporáneo por su buena capacidad de aislamiento a la vez que permiten el paso de la luz.

Tips

1. If you want to change the style of a room quickly and inexpensively, painting and papering along with fabrics are your best choice.
2. Use wood as wall cladding in areas where it is not traditionally used such as a bathroom or kitchen, always treating it properly to protect it from moisture.

1. Wenn Sie die Wirkung eines Raumes schnell und kostengünstig ändern möchten, sind Wandfarben, Tapeten und Stoffe die Materialien Ihrer Wahl.
2. Nutzen Sie Holzverkleidungen für Bereiche, in denen sie traditionell nicht eingesetzt wurden, wie z. B. im Badezimmer oder in der Küche. Das Holz muss hierfür jedoch entsprechend imprägniert werden, um es vor Feuchtigkeit zu schützen.

1. Als je een kamer er snel en goedkoop anders uit wilt laten zien, dan zijn verf en behang samen met stoffen je beste bondgenoten.
2. Durf hout als bekleding te gebruiken in ruimten waar dit vanouds niet werd gebruikt, zoals de badkamer of de keuken. Wel moet het hout altijd goed worden behandeld om het tegen vocht te beschermen.

1. Si quieres cambiar el aspecto de una habitación de forma rápida y económica, las pinturas, el papel y las telas serán tus mejores aliados.
2. Atrévete a usar la madera como revestimiento en espacios donde no se ha usado tradicionalmente, como el baño o la cocina, tratándola siempre debidamente para protegerla de la humedad.

Many materials that surround us may be used as a type of covering. We are only limited by our imagination.

Zahlreiche Materialien, die uns umgeben, können als Wandverkleidung oder Bodenbelag verwendet werden. Hier sind der Fantasie keine Grenzen gesetzt.

Veel van de materialen waardoor we omgeven worden kunnen als bekleding worden gebruikt. De grenzen worden bepaald door onze verbeelding.

Muchos de los materiales que nos rodean pueden ser usados como revestimiento. Los límites los pondrá nuestra imaginación.

Decorating with accessories

As you decorate, you will realize that most of the time the details are the finishing touch that give the space the style or ambience that you are trying to achieve. Details say a lot about the taste and personalities of the person who has chosen them. Sometimes simply changing a few details radically transforms the space.

Widmet man sich der Raumgestaltung in seinem Zuhause, so wird man bemerken, dass es oftmals die kleinen Details sind, die einem Zimmer den letzten Schliff verleihen und für das gewünschte Ambiente sorgen. Diese Details sagen viel über den Geschmack und die Persönlichkeit der Bewohner aus, die sie ausgewählt haben. Allein durch den Austausch einiger Details kann die Wirkung eines Raumes auf überraschende Weise verändert werden.

Als we een huis inrichten dan komen we erachter dat details vaak de finishing touch zijn die de ruimte van de stijl of ambiance voorzien waar we naar op zoek zijn. Details zeggen veel over de smaak en persoonlijkheid van de persoon die ze heeft uitgekozen. Soms kunnen we zien hoe een ruimte op verrassende wijze verandert door een aantal details te veranderen.

En cuanto empecemos a decorar, nos daremos cuenta de que en muchas ocasiones los detalles son el toque final que proporcionan al espacio el estilo o el ambiente que estamos buscando. Los detalles dicen mucho de los gustos y la personalidad de la persona que los ha elegido. A veces, modificando unos pequeños elementos, el espacio cambia de forma sorprendente.

Mirrors can amplify the sense of space and provide increased luminosity to the room. If you place a mirror in front of a window, the natural light will sparkle on the surface.

Spiegel können einen Raum größer wirken lassen und für mehr Helligkeit sorgen. Wird ein Spiegel vor einem Fenster platziert, wird das Tageslicht reflektiert.

Spiegels zijn in staat om een kamer ruimer te laten lijken en deze van meer licht te voorzien. Als de spiegel tegenover een raam wordt gehangen, dan wordt het natuurlijke licht weerkaatst.

Los espejos tienen la capacidad de ampliar y dar mayor luminosidad al ambiente. Colocados frente a una ventana, reflejan la luz natural.

The picture that you choose which may be a painting, chart, a photo or a composition of photographs should be a suitable size for the room and of a similar style.

Größe und Stilrichtung des ausgewählten Bildes – sei es ein Gemälde, ein Poster, ein Foto oder eine Collage – müssen auf den zu dekorierenden Raum abgestimmt werden.

Het schilderij dat we uitkiezen, wat een aquarel, een gravure, een foto of een fotocollage kan zijn, dient de voor de plek geschikte afmetingen te hebben en bij de stijl ervan te passen.

La imagen que elijamos, que puede ser una pintura, una lámina, una fotografía o una composición de fotos, debe adaptarse a las las dimensiones del espacio y a su estilo.

Tips

1. Place mirrors in tight spaces to create a sense of spaciousness.
2. Candles can be placed in bowls of water and combined with flowers to perfume the house.

1. Bringen Sie in engen Bereichen Spiegel an, um den Raum weiter und größer wirken zu lassen.
2. Werden Kerzen in Wasserschalen platziert und mit Blüten kombiniert, erhält unser Zuhause eine ganz spezielle Note.

1. Plaats spiegels in zeer smalle ruimten om een gevoel van ruimte te creëren.
2. We kunnen kaarsen in schalen met water leggen en ze met bloemen combineren zodat er in huis een speciale geur hangt.

1. Coloca espejos en espacios reducidos para dar sensación de amplitud.
2. Podemos poner velas dentro de cuencos con agua y combinarlas con flores para dar un aroma especial a la casa.

Clocks do not only tell the time, they are also an excellent choice to decorate spaces.

Uhren zeigen uns nicht nur die Zeit an, sondern dienen auch als Elemente zur Raumgestaltung.

Klokken fungeren niet alleen om ons de tijd weer te geven, maar zijn eveneens een uitstekende optie om ruimten te decoreren.

Los relojes no solo sirven para ubicarnos en el tiempo, sino que son también una excelente opción para decorar espacios.

Directory

Agape
www.agapedesign.it
p. 116 (bottom)

Aparici
www.aparici.com
p. 38-39, 40, 116 (top)

Apavisa
www.apavisa.com
p.31 (bottom), 41, 114 (top, bottom), 226 (bottom right), 229

Armstrong
www.armstrong.com
p. 120-121

BBB Emmebonacina
www.bbbemmebonacina.com
p. 245 (right)

Busnelli
www.busnelli.it
p. 251

Créations Métaphores
www.creations-metaphores.com
© Christophe Dugied: p. 29 (top left), 30 (left), 36 (bottom), 44, 45, 48, 215, 216, 217, 218, 219, 252 (bottom right), 253 (bottom right)

Dac
www.alfombrasdac.com
p. 68-69, 72 (top, middle)

Delta Light
www.deltalight.com
p. 46, 198-199, 248 (top), 249

Designers Guild
www.designersguild.com
p. 208-209

Diez+Diez Diseño
www.diezmasdiez.com
p. 70 (top left)

Esencias del Boticario
www.esenciasdelboticario.com
p. 252 (bottom left)

Europlac
www.europlac.eu
p. 99

Fritz Hansen
www.fritzhansen.com
p. 221

Gessi
www.gessi.com
p. 33

Greg Natale Design
www.gregnatale.com
p. 210

Harlequin
www.harlequin.co.uk
p. 47, 49

ICH & KAR
www.ichetkar.com
p. 211

Imaginarte
www.imaginarte.com
p. 119 (top), 123

Inda
www.inda.net
p. 227

Inke
www.inke.nl
p. 196-197

Invicta
www.invicta.fr
p. 71, 145

Jasba
www.jasba.de
p. 228 (top, bottom)

Kinnasand
www.kinnasand.com
p. 72 (bottom)

Labor Legno
www.laborlegno.it
p. 98 (top, bottom), 101

Lema
www.lemamobili.com
p. 29 (top right), 178, 179

Ljunbergs
www.ljunbergstextil.se
p. 42, 214 (top, bottom)

Lomakka
www.lomakka.se
p. 70 (bottom)

Martinelli Luce
www.martinelliluce.it
p. 30 (right)

Martson & Langinger
www.marston-and-langinger.com
p. 14 (top, bottom right), 15 (bottom), 186, 245 (left)

Molteni
www.molteni.it
p. 173 (top), 253 (top)

Moormann
www.moormann.de
p. 31 (top right)

Nanimarquina
www.nanimarquina.com
p. 70 (top right), 73 (top)

Pircher Garden
www.pircher.eu
p. 250 (bottom right)

Porada
www.porada.it
p. 31 (top left), p. 171, 173 (bottom), 182,
183 (top), 188, 246, 247, 250 (top left)

Quick Step
www.quick-step.com
p. 94-95, 100, 104 (top, bottom), 105,
244, 248 (bottom right)

Rugiano
www.rugiano.com
p. 250 (top right)

Saarpor
www.saarpor.de
p. 252 (top)

Salamandra creativa
www.salamandracreativa.com
p. 253 (bottom left)

Sicis
www.sicis.com
p. 117, 119 (bottom left, bottom right),
154 (top), 156-157, 158 (top, bottom),
159, 160-161

Stickyups
www.stickyups.com
p. 206 (bottom left, bottom right)

Stone Forest
www.stoneforest.com
p. 250 (bottom left)

Tapeten der 70er
www.tapetender70er.de
p. 203, 204 (left, right), 205, 206 (top)

Tilo
www.tilo.com
p. 102-103

Viccarbe
www.viccarbe.com
p. 248 (left)

Viva
www.cerviva.it
p. 29 (bottom)

Wall-print
www.wall-print.com
p. 207

Zanotta
www.zanotta.it
p. 118

Photographs:

© Matthijs van Roon
p. 32

© Ryota Atarais
p. 122

© Germán Falke
p. 193